AO SABOR DO TEMPO

FRANÇOISE HÉRITIER

AO SABOR DO TEMPO

Tradução
Maria de Fátima Oliva do Coutto

Rio de Janeiro, 2022
1ª edição

Copyright © by Odile Jacob, 2017

TÍTULO ORIGINAL
Au gré des jours

CAPA
Rodrigo Rodrigues

FOTO DE CAPA
Alessia Talkachova (Pexels)

FOTO DA AUTORA
DRFP

DIAGRAMAÇÃO
Kátia Regina Silva | editoriârte

IMPRESSO NO BRASIL
Printed in Brazil
2022

CATALOGAÇÃO NA PUBLICAÇÃO
MERI GLEICE RODRIGUES DE SOUZA — BIBLIOTECÁRIA — CRB-7/6439

H469a

Héritier, Françoise, 1933-2017
Ao sabor do tempo / Françoise Héritier; tradução de Maria de Fátima Oliva do Coutto. – 1. ed. – Rio de Janeiro: Valentina, 2022.
160p. ; 21 cm

Tradução de: Au gré des jours
ISBN 978-65-88490-37-2

1. Héritier, Françoise, 1933-2017. 2. Antropólogas – Biografia – França. I. Coutto, Maria de Fátima Oliva do. II. Título.

	CDD: 923.0944
22-75804	CDU: 929:572(44)

Todos os livros da Editora Valentina estão em conformidade com o novo Acordo Ortográfico da Língua Portuguesa.

Todos os direitos desta edição reservados à

EDITORA VALENTINA
Rua Santa Clara 50/1107 – Copacabana
Rio de Janeiro – 22041-012
Tel/Fax: (21) 3208-8777
www.editoravalentina.com.br

À minha filha querida, Catherine Izard-Héritier,
e à memória de Francis Wayser, que partiu cedo demais.

"Tomem seus lugares, por favor."

Entrem

Na primavera de 2012, eu publiquei um "devaneio" intitulado *O Sal da Vida*, explicando-me a origem desse mergulho em mim mesma na busca desses imperceptíveis nadas que dão sabor, *seu sabor*, à nossa existência individual e que, numa grande onda comum, são de fato experimentados por boa parte da humanidade, mesmo sem serem percebidos estrita e necessariamente do mesmo jeito. De algum modo, tratava-se de aflorar o permanente sob o contingente e o universal sob o individual. Ao convocar a memória por intermédio de um jogo de associações conhecidas ou secretas, reuni um inventário parco, porém preciso, de tais fragmentos conjugados e superpostos do real, cujas percepção e posteriores recepção e transcrição me constituíram como pessoa.

FRANÇOISE HÉRITIER ❧ *Ao Sabor do Tempo*

★ ★ ★

Um belo dia, escrevi para mim mesma a palavra "fim", pois eu precisava me dedicar a outras tarefas. Escrever o livro não foi uma decisão amadurecida e refletida: a necessidade brotou por si só a partir do texto de um cartão--postal recebido no verão. Por outro lado, concluir sua redação foi, na verdade, uma decisão consciente. Só que não se refreia um processo criativo com tanta facilidade, independentemente da sua natureza. As lembranças, imagens e ideias continuaram afluindo, ora fugazes, ora tão penetrantes que eu precisava anotá-las rapidamente no que quer que fosse; por conta disso, adotei o hábito de ter sempre à mão algo em que pudesse escrever.

Assim, dia após dia, esse crisol singular e cativante continuou sendo preenchido no seu próprio ritmo. Para mim foi uma descoberta. Meus trabalhos, escritos e publicações no campo da Antropologia, minha área de atuação, não guardam relação com esse modo inteiramente distinto de elaboração da escrita. De vez em quando, eu passava a limpo esses papéis repletos de esboços, esforçando-me por conferir às notas uma unidade de estilo enxuta e precisa, e expressar a necessidade

Afinal, Precisamos Saborear a Vida!

profunda dessas sensações apreendidas e, em seguida, captadas e registradas em circuitos emocionais comuns a toda a humanidade.

A ideia de uma necessidade interna de captação, seguida da apropriação e elaboração verbal das sensações em geral compartilhadas, encorajou-me a ampliar a primeira publicação numa segunda, que aqui proponho.

Uma outra razão se acrescenta a esta. Na correspondência recebida após a publicação de *O Sal da Vida*, tão volumosa que não consegui dar conta dela, embora muito grata a cada um que me escreveu, separo algumas cartas, de modo bem particular, de duas maneiras diferentes. Em primeiro lugar, aquelas cujo remetente me narra que também se lançou, por sua conta e risco, na mesma busca e me encaminha algumas páginas do seu trabalho, no qual sempre a pessoa, a *sua* pessoa, transparece. Para estes, incluí algumas linhas em branco lá no final do livro, a fim de que possam anotar imediatamente, num espaço apropriado, o que surgiu da sua própria imersão nessa parte tão inerente a si mesmos, ainda que desconhecida.

Além das cartas já citadas, há as correspondências provenientes de professores comprometidos com a luta contra o analfabetismo, de orientadores de oficinas de criação, que me contam que usam *O Sal da Vida* com seus alunos e, às vezes, me encaminham os resultados dos seus trabalhos.

Ao ler todas essas correspondências, parece-me haver leitores sensíveis a uma simplicidade lúdica, sem voyeurismo ou exibicionismo, que prioriza o que nem sempre é percebido ou retido como importante, e cuja revelação nos traz uma felicidade interior e nos forma na nossa própria identidade.

É para todos eles que escrevo.

O presente livro foi concebido em duas partes. Na primeira, intitulada "Colcha de Retalhos", continuo a enumerar, ao estilo de *O Sal da Vida*, os pequeninos fatos, percepções, sensações e emoções que se constituem a base e a matéria identificável da nossa existência. Na segunda, intitulada "Modelagem", tento apresentar, por livres associações de imagens e de ideias, de forma não biográfica nem confessional, como esses materiais serviram de suporte à elaboração da minha própria vida.

Primeira Parte
Colcha de Retalhos

... Estremecer de frio de repente e abrigar-se sob uma marquise; não apressar e ter complacência com gente apressada e intolerante; lembrar-se do caminhoneiro que, durante a grande tempestade que derrubou todas as árvores da floresta de Paimpont e arredores, declarou ter visto um bando de vacas alçar voo bem acima do seu para-brisa, segundo testemunhos publicados no jornal *Ouest France*; tentar ter a lábia da rebelde e espirituosa Marie Dubois, no filme *Atirem no Pianista*; ficar com a boca cheia d'água diante de pratos simples, como tomates recheados ou uma brandade de bacalhau ou um escondidinho de carne moída feito em casa; apesar de já ter passado dos 40, fazer um vestido novo para a sua boneca careca do século passado; confraternizar num bar de beira de estrada com caminhoneiros; ver formas estranhas nas nuvens, ou no papel de parede, ou sob as pálpebras comprimidas pelos polegares; rir ao recordar a desventura do jovem ciclista numa estrada africana tentando evitar as patadas de uma leoazinha brincalhona que o perseguia e que o fez bater todos os recordes de velocidade pedalando de pé; derramar discretamente o copo de um refrigerante horroroso num vaso de palmeira; lutar com afinco com o pé de bode cozido com o casco e o pelo, que lhe deram para comer; sorrir amigavelmente para a pessoa que acabou de falar, sem que você tenha entendido uma só palavra; detestar o tratamento de intimidade gratuito; escutar com ternura o idoso tão feliz por ter encontrado um ouvido acolhedor para poder contar a *sua* guerra de 1914-1918 e a sua fuga milagrosa; sentar-se, ao anoitecer, numa colina florida cercada por montanhas de linhas horizontais, ornadas com vegetação escura, e mergulhar na contemplação de uma paisagem tranquila e perturbadora ao mesmo tempo; observar a fêmea de esquilo-vermelho e seus filhotes divertirem-se numa campina, antes de saltarem de árvore em árvore em fila indiana; ouvir o ruído da chuva numa calha; saborear um biscoito amanteigado começando pelas quatro bordas; bater na madeira para evitar ou afastar o azar, mas passar, de propósito, debaixo de uma escada e não ter medo de serem treze à mesa ou de pegar o saleiro

Afinal, Precisamos Saborear a Vida!

direto da mão que te ofereceu; abrir pacientemente
pelotas de regurgitação de corujas; experimentar os sentimentos do cabo Robert Mitchum e da freira Deborah
Kerr, perdidos numa ilha do Pacífico ocupada pelos
japoneses; ter degustado, durante um sofisticado jantar
parisiense, um queijo de cabra trazido diretamente de
uma fazenda da Auvérnia e com as marcas dos talos de
trigo nos quais o sabor foi refinado; acariciar a ideia
de que talvez, quem sabe?, afinal de contas, levando-se
tudo em consideração, por que não?, por acaso, possivelmente, esse sentimento de alegria que te invade bem
poderia ser o que chamam de amor...; ainda sentir o
peso da sua gata Roulettes nos pés e o da sua gata siamesa Julie no pescoço, que sabia tão bem acordar você
com a garra sabiamente enfiada numa das suas narinas;
lembrar-se de que adorava Django Reinhardt, Louis
Armstrong e Billie Holiday; ter descido várias vezes,
durante o inverno, a rue de Rome em direção ao colégio Racine, sob uma chuva de bolas de neve, às vezes
recheadas de seixos, atiradas pelos meninos que seguiam
da estação Saint-Lazare para o colégio Chaptal, estando
protegida, por livre e espontânea vontade, pela sua irmã
mais velha e por uma amiga parruda; ter sentido que
nada de mal poderia te acontecer por estar cercada pela

aura de bondade de certas pessoas; entrar num sonho e não se surpreender, no próprio sonho, que já havia sonhado a mesma coisa; encontrar semelhanças entre Michelle Pfeiffer e Simone Simon; beber com as mãos em concha; olhar a poeira fina dançar num raio de luz; ler o *Littré*, o *Larousse* ou outro dicionário qualquer por puro prazer; ter frequentado a livraria Maspero no tempo em que clientes cara de pau, certos da impunidade, levavam livros sem pagar, o que resultou na sua falência; deixar crescer em torno de um nome uma onda de imagens que lhe deram corpo; ter a sensação do *déjà--vécu*; andar descalça no chão frio; admirar a elegante flexibilidade do corpo longilíneo de Henry Fonda levantando-se da cadeira na barbearia, em *Paixão dos Fortes*; ter a desagradável surpresa de estar falando em voz alta em lugar público, apesar de tanto prezar a discrição; acordar sobressaltada por ter vivenciado momentos de dúvida acerca de onde estava e que horas eram...; ter conversado em latim com estudantes alemães num trem espanhol; ter sido perseguida junto com amigos por um casal de camponeses armados de forcados, por estarem nos limites de um prado onde havia frésias; ficar boquiaberta de admiração diante de dois irmãos negros americanos, dançarinos de sapateado, num número inigualável;

Afinal, Precisamos Saborear a Vida!

"limpar" o prato com pão, o que não se faz; achar irresistível a orquestra de Ray Ventura e sua *Marquise*; ter visto de perto, em 1957, Sacha Distel e Brigitte Bardot, bastante entediada e lindíssima num curtinho Chanel azul-claro forrado com Liberty ou percal florido, aguardando próximos à bilheteria o momento de entrar, como todo mundo, no cinema Drugstore Publicis dos Champs-Elysées; lembrar-se da grande emoção ao ler *O livro do travesseiro,* de Sei Shônagon; ouvir Gérard Depardieu pronunciar as seguintes palavras simples com aquela surpreendente voz suave contrastando com seu corpanzil: "É um sofrimento, é uma alegria"; fugir correndo de um redemoinho surgido sabe-se lá de onde, que vem pra cima de você arrastando areia, galhos e poeira; refletir sobre uma ideia e fazer com que brilhe lentamente sob todos os ângulos; sentir-se humilde diante da atuação de Henri Virlojeux e Françoise Bette em *Tio Vânia*, no teatro do Odéon; recuperar a visão com clareza depois da cirurgia de catarata; ouvir um taxista dizer: "A senhora deve ser, no mínimo, professora, pois, quando fala, as coisas entram na nossa cabeça", e sentir satisfação; ter aprendido a passar roupa com ferro a carvão, que aproximava do rosto para apreciar seu calor; lutar contra o desejo das pequenas abdicações cotidianas que surgem com o envelhecimento; beliscar sem arrependimento nem remorso torresmos crocantes e sequinhos – resíduos da pele frita para ocultar a banha; apreciar o zurrar tinhoso dos jumentos; sentir falta do som límpido e frio dos sinos badalando na Páscoa, e também do desaparecimento do sombrio badalar dos mortos; dar-se conta de que a qualidade do silêncio e dos sons muda quando os convidados que estavam na casa, embora discretos, vão embora; nunca ter conseguido plantar bananeira; procurar horas a fio a palavra certa; buscar uma lembrança que se obstina em não querer vir à tona; receber implicantes raios de sol no olho ou afastar com a mão o que não é um mosquito, mas a fina ponta de uma grama que passam na sua orelha durante a sesta; dizer "oi" tapando os olhos de uma pessoa; brincar de esconde-esconde; pegar alguém pela cintura para um rodopiar de valsa; viajar sem malas; colocar a imaginação para trabalhar a partir de bobagens; maravilhar-se com os detalhes das flores de uma umbelífera; ensinar a uma criança palavras que ela guardará para a vida toda, como "margarida" e "carochinha"; acariciar um gato atrás das orelhas; sentar-se no único banquinho vermelho do teatro da Europa (antigo Odéon) para aguardar os amigos; deitar-se exausta bem cedo uma única vez

Afinal, Precisamos Saborear a Vida!

na vida; aventurar-se sem lenço nem documento; apreciar o estilo lírico e extravagante de colegas a respeito de assuntos que, no entanto, em nada se prestam a tal; detestar a aparência convencional e conveniente de certas orquídeas; preferir as rosas murchas às eretas, a grama bem cuidada ao capim, os cosmos aos gladíolos, os capuchinhos aos cravos, as margaridas aos crisântemos, as frésias aos copos-de-leite, as florezinhas nos muros às platibandas, a fantasia à rotina; observar um homem jovem e atarracado, cabeça grande e raspada, panturrilhas peludas, de bermuda e coturnos, empurrar um carrinho de bebê delicadamente protegido do sol por uma musselina, enquanto segura na outra mão uma casquinha dupla de sorvete de morango, e assim constatar algumas benéficas mudanças nos costumes; cruzar também com um jovem sério usando um canguru apertado contra o peito, de onde emerge a cabeça de um chihuahua; ter acompanhado o pai a enormes alfaiatarias, onde ele se demorava escolhendo o tecido para confeccionar seus austeros ternos compostos por um paletó transpassado e duas calças; chorar ao ver os leões deitados na sepultura africana de Robert Redford, ouvindo Mozart; perder o fio da meada enquanto ouve rádio; acordar no meio da noite e constatar que ainda tem umas boas três ou quatro horas de sono; adorar as expressões atormentadas de coadjuvantes em filmes de faroeste, como Jack Elam e Lee Marvin, ou as de Jack Palance em *A Grande Chantagem*; achar cavalares, mas sublimes, certas grandes heroínas de Almodóvar; saborear o autêntico vinho amarelo do Jura ou o branco leve de Savennières; ter confiado na familiar palavra Martini ao aceitar um Dry Martini em Nova York; sentir-se ridícula ao usar o capelo de doutora *honoris causa*; sair de fininho para a Auvérnia, a Bretanha ou a Borgonha; admirar o balé das viuvinhas abanando a cauda; ter vontade de espirrar e não conseguir; descobrir na casa dos pais gavetas abarrotadas de pedaços de barbante, rolhas de cortiça e papel celofane que embrulha bombons, todas essas coisinhas que ainda podem ter utilidade; ficar com um soluço incessante e pedir para alguém te dar um susto para ver se passa; engasgar ao ingerir uma bebida muito forte; ver dois galos jovens provocando-se com bicadinhas gentis e saber que será preciso intervir imediatamente para separar dois combatentes dispostos a se enfrentar até a morte; aspirar o ar frio da montanha com o nariz empinado e os olhos semicerrados; ter-se recusado peremptoriamente, em pleno mês de agosto em Ouessant, a entrar na água da

Afinal, Precisamos Saborear a Vida!

qual sua amiga Claude saiu roxa de frio porém maravilhada; amar os toques com a ponta dos dedos no antebraço do outro, o cabelo afastado da testa, os pulinhos a dois na onda, a fruta oferecida, o cigarro aceso, o olhar cúmplice, todos os belos gestos de ternura; achar o máximo a esmagadora presença de Robert Mitchum, mas apreciar igualmente a perturbadora ambiguidade de um Terence Stamp; ficar impressionada com a força das radicais intempéries da Terra; ficar chocada com a beleza cinza dos maciços de Mées, na Alta-Provença; ficar, às vezes, como o asno de Buridan e encontrar a salvação na fuga; demorar a responder e sentir o entusiasmo do principiante; beber um Campari Soda com açúcar na borda do copo; detestar ter que subir num banco alto ou afundar numa poltrona macia demais; lembrar-se divertida dos *causos* trágicos contados na infância, como o da avó que abraça a netinha e fura seu coração com a agulha presa no avental; fazer simpatia para não terminar a amizade, tipo dar uma moeda a quem lhe ofertou uma faca ou uma tesoura; sugar as gotas de orvalho numa folha aveludada; ser a única a ver o monstro que ruge no amontoado de pedras do muro em frente; recordar o sorriso gentil da avó oferecendo uma xícara de chá de hissopo às visitas; tornar a ouvir, estupefata, o clamor estridente que abafava todo o som do primeiro show dos Beatles nos Estados Unidos, em agosto de 1965, no Shea Stadium; torturar-se de arrependimento por ter sido obrigada a sacrificar sua gata velhinha com caquexia e sua cabra de mais de trinta anos que já não se aguentava nas patas; pular amarelinha até aterrissar no céu; ter vivenciado um terror extremo no cinema quando do telefone sai apenas uma respiração abafada, quando Audrey Hepburn, cega, esbarra nos assassinos escondidos no seu apartamento, quando uma voz ao telefone pergunta à babá, com doçura e insistência: "Você subiu para ver as crianças?", quando um zumbido sinaliza a aproximação de formigas gigantes no deserto, e será preciso persegui-las até nos esgotos de São Francisco; ter ainda diante dos olhos o passo curto e ritmado dos ceifadores acompanhando o amplo movimento do braço e a queda circular da grama, assim como a imagem da pedra de amolar acomodada numa espécie de tamanco Klompen cheio d'água preso no cós da calça de um homem; esperar nervosa uma prova oral; respeitar o cerimonial e a solenidade das defesas de tese, recusando tanto o tratamento íntimo como a familiaridade entre colegas; girar um cigarro apagado entre os dedos; ler pequenos aforismos idiotas

Afinal, Precisamos Saborear a Vida!

impressos em papelotes; usar uma colher de prata para adoçar os morangos, uma elegante pinça para pegar uns cubos de gelo, um rústico amassador de batatas; admirar Stewart Granger e suas botas aristocráticas em *O Tesouro do Barba Ruiva*; escolher com precisão a melhor parte do frango e do pernil de cordeiro; roer com minúcias uma carcaça; sentar-se com determinação para dar início à leitura de um texto complexo; utilizar meios mnemônicos sofisticados para gravar mentalmente uma senha; ver a vida como uma corrida de obstáculos sucessivos; suportar estoicamente as brincadeiras a respeito do seu sobrenome; ficar feliz por um amigo ter escapado do perigo; preparar um lanche com pão crocante e um restinho de champanhe, ou com uma fatia de maçã e alguns centímetros de alho-poró cru; escutar com deleite a chuva martelar alegremente um telhado de zinco; rir com William Claude Dukenfield, vulgo W.C. Fields, quando ele afirma que um homem que odeia crianças e animais não pode ser considerado profundamente mau; dizer para si mesma que Robert Mitchum (ele de novo!) era, sem dúvida, melhor companhia do que se imaginava e Henry Fonda bem pior, levando-se em conta sua frieza na vida familiar e como pai e marido; gostar mais das histórias e dos atores do que dos diretores, e saber reconhecer o talento de atrizes como Thelma Ritter, Barbara Bel Geddes, Shelley Winters, Gloria Grahame e Ida Lupino; ficar contente pelo senhor que sorri enquanto caminha sozinho; lembrar-se do primeiro menino que a convidou para dançar num salão na Auvérnia quando tinha doze anos (ele dezesseis e se chamava Rémy), e do seu cavaleiro, tempos depois, em Marcigny, tratado cerimoniosamente e que se chamava Noël e era dono de uma bela voz grave; deleitar-se com o timbre de um jovem contratenor inglês em *O Messias*; assistir, numa campina, a um eclipse parcial do sol com óculos apropriados e ficar ligeiramente decepcionada; apreciar conversas fiadas e profissões detalhistas; rir ao ouvir a história do formando do ensino médio quando disse: "Ah é? Eu não tinha entendido que era uma mulher", ao mencionarem Marivaux; achar que os erros referentes ao gênero das pessoas são uns dos grandes recursos da comédia; ter tocado o pelo encrespado de um lobo morto; ter um odre para água confeccionado inteirinho de pele de cabra; erguer de um livro os olhos marejados ao ouvir um chamado; ajeitar-se, espreguiçar-se e massagear as costas; adorar os livros de Jane Austen, das irmãs Brontë, de Thomas Hardy e considerar *The Woodlanders* um dos mais belos

Afinal, Precisamos Saborear a Vida!

romances de amor; misturar num único personagem Mr. Rochester, Rhett Butler e Hamish Bond, o senhor de escravos de *Meu Pecado Foi Nascer*, interpretado no cinema por Clark Gable, que também interpretou Rhett Butler (o que os dois têm em comum?); sair para cumprir uma obrigação, resignada, exausta, experimentando um grande vazio, mas ciente de que enfrentará o desafio; livrar-se de uma tarefa há tempos adiada e dizer para si mesma, com alegria, que assim terá um pensamento torturante a menos; engolir um ovo cru depois de ter furado as duas extremidades com uma agulha, mesmo sem gostar nada disso; pensar nos amigos como caleidoscópios vivos com todo o seu brilho; saber que está plenamente engajada na luta das mulheres pela igualdade; dar um sorriso amarelo ao ouvir a história "engraçada" do velho acadêmico surdo a quem gritam ao ouvido: "Tem uma mulher na Academia!", ao que ele responde hipocritamente: "Será que ela não podia esperar terminarmos a sessão para fazer a faxina?"; achar graça no aparente paradoxo: soprar a brasa para reanimar o fogo, mas soprar a pele para abrandar a ardência de uma queimadura leve, ou ainda soprar uma colher de sopa para esfriá-la, mas soprar os dedos dormentes de frio para esquentá-los; sair correndo em disparada e chegar justo quando a farmácia acabou de fechar num sábado à noite; mostrar-se desenvolta ao enfrentar uma saia-justa; apreciar um moinho de vento ofertado por uma jovem de bochechas rosadas; vivenciar com toda a efervescência um belo reencontro; adorar trabalhar com prazos apertados; saber colher urtigas sem que elas lhe queimem as mãos; ter soltado um enorme suspiro de alívio quando a gata Mãezinha demonstrou contentamento por ter encontrado uma casa nova e novos braços acolhedores na ocasião em que foi preciso me mudar de Bodélio; mastigar cupins ou grilos crocantes; chupar um pedaço de tartaruga ou de lagarto na brasa; comer carne de píton ou ragu de jumento (não me dei bem com o jumento); ter na boca a delicada doçura de uma bala de tangerina de Nancy, que faz com que sempre se queira outra; experimentar ainda um leve nojo ao se lembrar das pinceladas de azul de metileno no fundo da garganta e dos círculos escuros deixados na pele das costas pelas ventosas com algodão em chamas, da ardência dos cataplasmas de farinha de mostarda, do gosto horroroso da cloroquina e da broca dos dentistas, todos pavores da infância, mas ainda disfarçar o riso ao mesmo tempo constrangido e sapeca com a lembrança de ter tocado campainhas e fugido correndo

Afinal, Precisamos Saborear a Vida!

ao ouvir os gritos da dona de casa, de juntar-se com outras crianças para calçar um gato com tamanquinhos de cascas de nozes, de ter desenhado bigodes na fotografia de uma tia rabugenta, de ter cantado músicas escandalosas cujo sentido ignorava e usado em público vocábulos provenientes da coleção familiar que acreditava serem de uso comum, todos prazeres da infância; ter esperado alguém dizer coisas gentis (sem que nunca isso tivesse acontecido); refrear a impaciência diante das longas hesitações de certas pessoas para fazer uma escolha; separar roupas para doação; alegrar-se com a ideia de conhecer estranhos ou descobrir afinidades com os novos vizinhos; deixar para trás, sem arrependimento, lugares onde morou, mas lembrar-se deles com deleite; saltitar de alegria ao encontrar finalmente o pulôver marfim dos seus sonhos; ter o cuidado de, a cada mudança (e foram oito!), ao chegar à casa nova, levar pão, sal, algo velho, algo novo e algo azul; recordar as passagens de nível com o sininho estridente anunciando a chegada dos trens e os guarda-barreiras levantando manualmente a cancela e às vezes cumprimentando os passageiros dos vagões; salivar só de pensar numa compota de goiaba; contemplar um pai levando pela mão seus dois filhos, que o observam atentos enquanto fala sério com eles; sentar-se numa mureta de pedra e ficar cara a cara com um calango; ocupar provisoriamente um escritório que não é seu e se achar a dona do pedaço; aplaudir até as mãos doerem, no teatro, na ópera ou num evento social ou esportivo; experimentar sapatos novos; ter tido casas de boneca com salinha de jantar e cozinha com todos os móveis e utensílios; lembrar-se do prazer sensual de abrir as páginas de um livro com uma espátula; ter sido elogiada por José Corti, na livraria dele, pela saia comprida roxa que usava ao comprar *O litoral das Sirtes*, de Julien Gracq; olhar toda manhã, no seu Mac, o que pode ter entrado à noite na caixa de e-mails; ter frequentado muito tempo os cinemas míticos da rue des Écoles, o Le Champollion, o La Pagode, o Studio Christine, o Mac Mahon; ter tido o coração atravessado por ondas de desespero; ficar perturbada com o som de uma voz nua, soturna, anunciando uma desgraça; ter conversado com o ator Charles Denner, de dicção extenuante; tamborilar pequenos fragmentos de música num braço de poltrona; beber um vinho raro numa bela taça de cristal, mas também água fresca com as mãos em concha ou cerveja de painço na cabaça; fazer bolinhas de miolo de pão quando está bem entediada durante um jantar e escondê-las debaixo

Afinal, Precisamos Saborear a Vida!

do prato; entrar num lugar imenso, deserto e com eco; congelar de frio em pontos de ônibus; ter dificuldade de desviar os olhos de um belo perfil; tomar com prazer a sopa do jantar dos hospitais de Paris; praguejar enquanto procura as chaves no fundo da bolsa; identificar os "elementos de linguagem visual", as mãos espalmadas sobre o coração e todos os demais gestos que visam enganar os outros; ter corrido com o irmão, a irmã e a avó para se jogar no chão, no acostamento da rota de fuga que os aviões italianos metralhavam a pique; ter visto, aos onze anos, uma cabeça decepada esquecida na traseira de um caminhão-ambulância após um bombardeio em Saint--Étienne; ter sido obrigada a usar na primeira comunhão, solene, uma touca redonda amarrada no queixo e um vestido de tule com gola Claudine e pregas horizontais, e morrer de inveja da colega mais moderna, que usava um vestido acinturado de zibeline sob os olhares de reprovação de todos os pais; cantar em altos brados o hino patriótico e belicoso do pós-guerra de 1870: *"Il changera, le sort des armes, nous l'abattrons, votre aigle noir…"**; penetrar a atmosfera silenciosa das bibliotecas;

---

* *"O destino de suas armas mudará, nós abateremos sua águia negra…"* A águia negra faz parte do brasão da República Federativa da Alemanha. (N.T.)

amar os cemitérios de barcos; olhar divertida, em um cruzamento perto de Beuzec-Cap-Sizun, a técnica de *trompe-l'oeil* da parte de trás de uma pequenina choupana bretã decorada com duas janelas com cortinas de renda e uma porta ladeada por duas hortênsias azuis; gostar dos enormes grafites que se veem hoje em dia nas grandes cidades ou mesmo as decorações temporárias que escondem os prédios em obras de reforma; ter, de vez em quando, longas e interessantes conversas com taxistas, nas quais se diz, *en passant*, coisas que não se costuma dizer com frequência; pensar com infinita compaixão em todos aqueles que estão nascendo (como será a vida deles?), sofrendo e morrendo no exato momento em que estas linhas são escritas; adorar, quando se está abrigada, os fortes temporais e as borrascas e as árvores desgrenhadas e os céus tempestuosos e até mesmo o estrondo do trovão; rodar como uma barata tonta num cômodo, perguntando-se o que foi buscar ali; limpar meticulosamente as lentes dos óculos; lutar contra o tédio soporífico de certos cursos e divertir-se ao observar os efeitos do mesmo tédio nos rostos e nas posturas dos demais; chamar a atenção de uma amiga para um discreto episódio com uma cotovelada ou um piscar de olhos; enfrentar com toda calma um interlocutor de

Afinal, Precisamos Saborear a Vida!

má-fé, mas não hesitar, se preciso for, em rir dele; sentir-
-se culpada por não ter respondido, em tempo hábil,
cartas ou envios de livros, mas se exasperar com o tom
ameaçador de certas solicitações por e-mail; ter benevolência e clemência com os outros, e a partir de agora
consigo mesma; sentir-se feliz por ser livre; nunca ter
um tostão no bolso quando escuta pela primeira vez o
canto do cuco na primavera; percorrer estradas vazias
ao longo das altas escarpas bretãs; ler um best-seller em
diagonal; ter apreciado, somente quando criança, usar
fantasias; gostar do toque da pashmina, da manta de
angorá que faz cócegas no nariz, do veludo liso, dos
pêssegos macios, assim como do cheiro de tabaco de
alguns paletós masculinos de tweed; perguntar-se se
gosta mesmo de Fernet-Branca, marshmallow, bala aze-
da, torrone; usar roupas largas ou retas em vez de vestir
sempre saias rodadas e collants; achar que, às vezes, foi
idiota; lamentar não ter sido mais insubmissa, não ter
encontrado sempre as palavras certas nas horas certas;
lembrar-se das bonecas de papel para as quais se re-
cortavam roupas impressas; ter visto um filhote de
chimpanzé muito triste amarrado no fundo de um
pátio em Uagadugu; ficar desapontada com certas reuniões políticas privadas e impressionada com comícios,

as multidões agitadas, os palanques congestionados, as saraivadas de aplausos, a beatitude compartilhada com desconhecidos, o gestual dos oradores, resumindo, amar a eloquência e a comunhão pelo verbo e pelas ideias; contemplar, em êxtase, o quadro de Fabritius, *O Pintassilgo*, em que o minúsculo pássaro está acorrentado sozinho a uma caixa de alimentos, disposto na parede de uma sala de museu, ou então o grupo de *Bisbilhoteiras* esculpido por Camille Claudel, ou *O Pequeno Mendigo* descalço de Murillo; sofrer diante da expressiva torsão de uma árvore que tenta escapar do predomínio devorador de sua vizinha; brincar de pular corda como as meninas e os boxeadores durante o treino; observar uma mosca lustrar suas asas em cima e embaixo; lembrar-se, segundo após segundo, do dia em que, protegendo o rosto, correu um quilômetro até perder o fôlego na savana africana, perseguida por um enxame de abelhas que havia perturbado, interpondo-se entre elas e o sol, e só ter sobrevivido ao ataque depois de socorrida pelos aldeões que a levaram a um ambulatório, onde foi preciso retirar, somente da nuca e dos braços, uma centena de ferrões; seguir o voo de borboletas no sol ou a corrida de insetos de patas compridas nas águas de uma lagoa; aguardar o momento em que um peixe

Afinal, Precisamos Saborear a Vida!

virá fazer "glup" na superfície, ou aquele, aterrador, em que os íbis sagrados do parque de Branféré mergulham num pequeno lago e o esvaziam de todos os seus ocupantes; admirar a cabecinha séria e pontuda de um gato branco que aparece no ombro de uma jovem entre as mechas de seus cabelos ruivos; entrar numa capela modesta, aberta ao vento e gelada; rir de alegria e chorar de emoção ao mesmo tempo; deixar entrar uma lufada de ar frio num cômodo escaldante; adorar o suspense no cinema e apertar com muita força a mão do vizinho; ter tido duas namoradeiras, uma em frente à outra, uma cadeira Dagobert dura e de pés cruzados, uma poltrona Emmanuelle (no campo), pufes anos 1970 recheados com bolinhas de isopor que se moldavam ao corpo e também poltronas de couro da Escola Bauhaus, e apreciar as Richelieu de recosto alto; deleitar-se nos antiquários do interior em busca de pratos de aparelhos diferentes, mas que fazem jogo; cortar com todo o cuidado, como deve ser feito, em losangos, um autêntico bolo bretão; compreender, com expressão interrogativa e surpresa, uma pergunta que acaba de ser feita em inglês; ter imaginação fértil, mas os pés bem fincados no chão; ticar aliviada itens na longa lista de tarefas a cumprir, reescrita semana após semana; de repente, ficar chocada com os argumentos vazios e a inutilidade dos projetos que lhe são apresentados, ora pela extravagância, ora pela perspicácia; bater os dentes de febre sem conseguir parar; sorrir ao se lembrar do dia pavoroso em que precisou, numa cozinha parisiense, tirar as penas de um pato ofertado por um primo caçador, mas sorrir também ao se lembrar das manhãs felizes passadas limpando baldes cheios de mexilhões na companhia de amigos após a maré alta; ter sentido medo do trapeiro intratável que passava a pé pelas aldeias, berrando: "Peles de coelho! Peles!", e que as crianças acreditavam ser o bicho-papão; ter perguntado "que diabos é isso?" inocentemente, na primeira vez em que foi a um coquetel, aos dezoito anos, diante das montanhas de canapés guarnecidos inexoravelmente de grãozinhos negros e brilhantes com sabor desconhecido e definitivamente bizarro; gostar de ficar de papo furado na soleira da porta com o carteiro, a vizinha, ou, enquanto dá uma caminhada, sucumbir diante da infinita doçura da letra da música: "*Because the sky is blue...*"; dar feno aos cavalos na companhia de Francis; passar de carro rente à beira de um precipício; ficar transtornada quando Dustin Hoffman morre encostado no ombro de Jon Voight, no ônibus que os conduz ao sol; descobrir, surpresa,

Afinal, Precisamos Saborear a Vida!

que Scott Fitzgerald é o autor do livro *O curioso caso de Benjamin Button*; aprender, com a leitura de *La Hulotte*, que as toupeiras comilonas acumulam, para o consumo hibernal, minhocas vivas mas imobilizadas, pois delas retiram o cérebro, e que o rei dos caramujos-do-mato, raríssimo, não tem listras escuras e a abertura da concha por onde ele sai fica à esquerda; descascar uma batata fervendo e queimar os dedos; sentir nas pernas esticadas as patas de uma bela aranha avermelhada e peluda que nunca se desvia da sua rota; ter mergulhado, nas fazendas bretãs, torradas com patê Hénaff numa xícara de café, para imitar todo mundo; gostar da simples ideia das beguinarias flamengas de Bruges; chorar de rir contando histórias engraçadas originadas de mal-entendidos; descobrir o *blaxpoitation*, graças ao filme *Sweet Sweetback's Baadasssss Song*; sentir-se pequena diante da vibrante ousadia das crianças e da impressionante fragilidade dos anciãos; ouvir de repente uma música vinda de um carro que ultrapassa a toda velocidade e tentar identificar esse trecho que lhe desperta uma lembrança familiar; embalar-se com o ronronar intercalado dos ventiladores de teto; aperceber-se das peças que a memória costuma nos pregar ao rever filmes antigos onde não aparece aquela cena marcante da qual jurava

37

se lembrar; experimentar o mesmo sentimento ao reler um texto, às vezes escrito de próprio punho (fui eu mesma quem escreveu isso?); buscar o motivo dessas reviravoltas ainda mais surpreendentes causadas pelas defasagens existentes entre as perspectivas de várias pessoas acerca do mesmo acontecimento; louvar essa inestimável capacidade de organizar acontecimentos dispersos da sua vida, dando-lhes continuidade; dar-se conta, estupefata, de que não é absolutamente necessário comparecer aos lugares que costuma frequentar sem ter sempre a impressão de estar sendo submetida a um teste diante de todos; não se proteger das tempestades; ficar esgotada em abotoar uma japona ou ajustar o cadarço de botas de cano alto ou fechar botões de pressão ou colchetes metálicos nas costas, sem nunca conseguir da primeira vez; comer bochecha de boi, miolo de cordeiro ou timo de vitela no Le Baratin, e ainda convidar os amigos; salivar à mera lembrança da salada de dente-de-leão servida com gordura de toucinho defumado; pensar nas ideias difundidas pelos romances de Delly, em que se via a princesinha, raptada por traidores, crescer tal um lírio num monte de esterco, com uma nobreza inata de maneiras, linguagem e sentimentos, na casa de carvoeiros pobres que a

Afinal, Precisamos Saborear a Vida!

recolheram no seu ninho escuro e simples; achar incrível a atuação e a voz de Marie-Nicole Lemieux no último ato de *Orlando Furioso*; ver a luz do crepúsculo nos milharais e três corças saírem de uma floresta para pastarem tranquilamente; ver também uma coruja num poste, quietinha o dia inteiro, aguardando anoitecer para voar; sentir um baque no coração ao assistir a Georges Ulmer, já idoso, cantar *Pigalle* em barezinhos na Córsega; ouvir, com preguiça, o rádio à noite, dentro de um carro; acomodar-se, extasiada, para assistir ao filme *As Minas do Rei Salomão* e esperar o combate dos príncipes tútsis; rever as imagens bem precisas de Gloria Swanson atirando uma calcinha na cabeça do príncipe, que empina seu cavalo e parte às gargalhadas, de Gloria Swanson sequestrada e aprisionada entre as chamas dos candelabros acesos em cima da mesa e da lareira ardente, de Gloria Swanson humilhada e nua, coberta apenas por uma pele, descendo os degraus do palácio sob as chicotadas da imperatriz viúva e sob os olhares de lacaios portando tochas, para, em seguida, atirar-se no rio onde flutuam blocos de gelo, e surpreender-se com as liberdades eróticas dos filmes mudos em preto-e-branco, dirigidos por Erich von Stroheim; ter cantado na infância "*Jeanneton prend* *sa faucille*"* sem ter compreendido direito o que faziam os "quatro jovens e belos rapazes" que ela encontra no caminho; admirar a linda sede da fazenda de amigos perto de Tréguier; percorrer um mercado de pulgas num certo domingo de agosto e voltar com um camelo de pernas compridas como as dos flamingos cor-de--rosa e pescoço de girafa; descobrir, encantada, os recursos mnemônicos de antigamente: **M**inha **v**ó **t**raga **m**eu **j**antar: **s**opa, **u**va e **n**ozes, para memorizar, na infância, a lista dos planetas, e também trava-línguas difíceis como "Um ninho de mafagafos tinha sete mafagafinhos. Quem desmafagar esses mafagafinhos bom desmagafigador será"; sentir saudades das escansões do tempo trazidas pelo apito das locomotivas ao longe, dos carrilhões e do dobrar dos sinos, das sirenes de alarme indicando incêndios, do rebate do sino em caso de urgência, quando hoje só subsistem as sirenes estridentes das viaturas de polícia, ambulância e bombeiros; ter acreditado, quando criança, que as sereias eram

---

* Versão apimentada de *Terezinha de Jesus*. Nessa canção infantil, Jeanneton pega a foice e sai para cortar junco. No caminho, ela encontra quatro belos jovens. O primeiro, tímido, a chama de feia, o segundo lhe acaricia o queixo, o terceiro a empurra na grama, e a música não diz o que faz o quarto. Caso as meninas queiram saber o que houve, precisam ir cortar junco. (N.T.)

Afinal, Precisamos Saborear a Vida!

animais dos quais se comia a cauda sob a forma de moqueca; relaxar para melhor entregar-se ao sono; pensar em Jeanne, que diluía o tempo ao seu redor; lembrar-se do tempo antes da doença como de um tempo de inconsciência feliz (como se diz, de felicidade dos tolos); vangloriar-se de um esconderijo difícil de encontrar, permanecendo muda graças a um imenso esforço; guardar obstinadamente um segredo; encontrar um objeto perdido há séculos, travessamente escondido num lugar improvável; sair correndo apertada para o banheiro depois de ter ficado um bom tempo se despedindo de convidados sem pressa de irem embora; tentar escrever com bico de pena de ganso; conservar como um tesouro uma caixa de bicos de pena Sergent-Major; recear que as notas escritas num lampejo de inspiração se encontrem no verso de folhetos classificados segundo o seu anverso; vibrar interiormente com alegria infantil diante da ideia da bela surpresa que fará chegando sem avisar(!); precisar do sorriso como meio de identificar rostos que reencontra e ficar desconcertada quando não o vê; apreciar as gozações sem maldade, mas não o espírito sarcástico; sentir-se desolada quando o jovem de *Na Natureza Selvagem* cai na armadilha da natureza, assim como com a comunhão panteísta diante do céu luminoso que se vê girando bem alto, e lembrar-se das mesmas imagens em *Quando Voam as Cegonhas*; pensar no jovem que se foi tão cedo e que eu teria desejado proteger de todo mal...; saber reconhecer a apreensão que nos causa dor de barriga diante de uma tarefa temida, ou o "naufrágio orgânico" quando um suposto insulto nos atinge, ou a enorme onda que arrebenta e pressiona nosso peito diante de certas recusas e, em meio à urgência, criar com bravura barreiras mentais para não ceder a elas; rir da decepção de quem ultrapassou uma fila de carros a toda velocidade e se vê obrigado a parar vinte metros à frente por causa de um sinal vermelho ou do apito do guarda; olhar torto para quem passa a nossa frente numa fila de espera, ou não nos dirige um olhar ou uma palavra de agradecimento ao segurarmos a porta, e então nos darmos ao luxo de soltá-la; perguntar-se por que suas gatas, quando estão no campo, lhe trazem camundongos de presente, cuidadosamente depositados na soleira das portas ou no parapeito das janelas; ter medo de ficar presa no elevador; relembrar cânticos da infância: *Salve Rainha, mãe de misericórdia*; gostar de ler aleatoriamente palavras no dicionário; horrorizar-se só de pensar na possibilidade de um banho de leite de jumenta, de égua ou de camela, mas considerar, com

Afinal, Precisamos Saborear a Vida!

circunspecção, a ideia de tomar um banho de leite de amêndoa, de coco ou de soja; sentir-se incomodada diante de orangotangos, felinos ou qualquer animal enjaulado; acreditar ter surpreendido um brilho ora irônico, ora perverso no olho amarelo de uma cabra; ler um livro com a cabeça apoiada nas mãos e os cotovelos afastados sobre a mesa; descascar ervilhas sem pausa nem pressa; cantar com o coração a canção italiana das mondinas* e dos membros da Resistência: *"Alla matina..."*; sair para cumprir de má vontade alguma obrigação e voltar contente; fazer bolas de neve e buquês de viburno; circundar bancos de neve de dois metros de altura para ir de uma casa a outra; apreciar mãos alvas na extremidade de braços roliços e firmes, ou mãos enrugadas na extremidade de antebraços percorridos por grossas veias, ou mãos nervosas e secas em pulsos finos, ou mãos delicadas e rechonchudas de unhas pintadas; apreciar a presença de espírito, a resposta na ponta da língua, a cumplicidade, o olhar que se sustenta; fazer tranquilamente palavras cruzadas; hesitar por um bom tempo até encontrar a exata frase introdutória para um

---

* *Mondinas* – camponesas encarregadas de remover as ervas daninhas nos campos de arroz da Itália. (N.T.)

texto e em seguida lançar-se a ele de corpo e alma; visitar as casas dos outros prestando atenção aos detalhes; sentar-se a uma bela mesa perfeitamente posta com uma toalha branca adamascada; observar Natalie Dessay, como marionete infantil, erguer o braço para dar a mão a um gigante; entrar com medo numa caverna ou na abertura de uma mina de ferro que desabou na savana africana; com a força dos braços, tentar tirar água de poços profundos, ou atirar com arco e flecha (bem mais difícil do que se imagina!); ter acompanhado as transformações físicas de Maria Callas; ter se sentido complexada por causa de um bocado de detalhes físicos; ter lido com avidez, ainda criança, a revista *Les Veillées des chaumières*; observar demoradamente uma menina séria, parada no meio-fio, perguntando-se se deve ou não atravessar; beneficiar-se das equivalências estabelecidas no imaginário entre rechonchudo, sorridente, afável, aberto, franco, confiante, bondoso (e, *a contrario,* magricela, triste, hostil, fechado, cauteloso, desconfiado, malvado) mesmo que não seja, neste caso, de todo errado; acordar sem saber onde está; guardar nas gavetas objetos insignificantes e ridículos dos quais não consegue se desfazer; reconhecer traços dos homens amados em Peter Falk já envelhecido ou em Daniel Day-Lewis;

Afinal, Precisamos Saborear a Vida!

sentir saudade dos cristalinos concertos noturnos generosamente oferecidos por rãs e sapos; lembrar-se do Arthur, o sapo gordo e cinzento que vivia debaixo de uma laje e se plantava à noite sob a lâmpada da varanda; quebrar os brotos de tomateiros para usufruir por um instante do aroma estimulante derivado do corte; sentir a doçura desbotada de uma casa velha, a candura familiar do algodão doce, a simplicidade vivaz das flores no Dia de Finados; vez por outra, ficar com a boca cheia de palavras ansiosas por saírem, todas atropelando-se ao mesmo tempo; torcer o nariz diante de um prato de mau gosto num lugar de mau gosto; ter tido o privilégio, hoje raro, de ver a Guarda Republicana a cavalo em traje de gala, ter ouvido os cascos nos paralelepípedos e inalado o cheiro de estrume fresco; esperar o pior e receber o melhor; continuar a amar profundamente aqueles por quem fomos apaixonados; entender a música extenuada de Schumann, tocada pelos dedos de Piotr Anderszewski; enternecer-se à lembrança de coelhinhos quase invisíveis no seu ninho de penugem branca arrancada do ventre materno e que não se podia tocar, senão a mãe os comeria (Será mesmo? Que vontade de tentar...); compadecer-se da sorte de uma plantinha sozinha num peitoril; ter ficado assustada e de orelha em pé ao ouvir, deitada na cama, as palavras dos Maquis que tinham ido se abastecer na fazenda, tarde da noite; ter tido um marido que saltitava alegre, de um pé para o outro na cozinha, perguntando: "As colherinhas... Onde podem ter ido parar as colherinhas?", quando um amigo casualmente lhe pedira uma; dar-se conta de repente de um silêncio absoluto e sentir uma pontada de angústia e volúpia; sentir, na passagem de um prato, o odor fresco do pepino; vestir jaqueta, gorro e luvas numa menininha que não está com frio; ter conhecido homens que jamais chupariam laranjas se não contassem com uma bondosa mão feminina para descascá-las; imaginar-me no seu lugar, Jean-Charles, dirigindo de madrugada numa autoestrada deserta; dar o justo valor ao simples fato de ter água corrente em casa; ter vergonha da própria cara quando está usando uma horrorosa touca descartável, necessária, às vezes, em hospitais; sentir o coração apertado diante do gesto tímido da mão de Katharine Hepburn para mostrar a Melvyn Douglas que não o ama o bastante em *Mar Verde*; acariciar os cabelos da pessoa amada e analisar todas as expressões do seu rosto; lembrar-se da princesa Margaret, do seu amor sacrificado por Peter Townsend depois de suas estadas na ilha Mustique, que diziam ser

Afinal, Precisamos Saborear a Vida!

paradisíaca apesar do nome significar mosquito; achar deliciosas algumas frutas que dizem não valer nada: nêsperas, por exemplo; estar atenta para nunca se deslocar ("fazer uma viagem") de mãos abanando; fazer sempre mais comida do que o necessário, mas saber guardar o que restou; rir feito louca depois de ter segurado o riso por muito tempo; ficar com a boca seca de repente e a língua colada no céu da boca quando toma a palavra; sentir ainda, setenta anos depois, a surpreendente força erótica e exótica do livro *Jamile sob os cedros*, de Henry Bordeaux, e seu convite a visões fugazes, secretas e sombrias; sentir saudades do encanto das viagens de antigamente, dos sacolejos rítmicos dos trens, do sabor e da textura peculiar dos sanduíches servidos nas estações, do rude acolhimento das cadeiras de madeira nas salas de espera abarrotadas, dos corredores onde eu me inclinava na janela, das demoradas paradas noturnas em estações desconhecidas, dos avisos gritados na plataforma: "Questembert!", enfatizando a primeira sílaba, dos jatos de vapor; ser seduzida pelas alvíssimas estátuas vivas dos parques argentinos; esticar os lençóis a dois antes de dobrá-los; olhar de esguelha a casinha com glicínias da place du Guignier; adorar caixas, todas as caixas, pelo prazer inigualável de descobrir o que há

47

dentro; alegrar-se por se saber mortal, afinal é isso que justifica saborear a vida.

Deixar-se invadir, furtivamente, por uma espécie de êxtase diante de um animal enigmático que te olha com frieza; aliar rapidez e precisão para pegar uma mosca sobre a mesa, mas errar o golpe por piedade; ter usado, até o fim do primeiro grau, saia escocesa pregueada, com alças cruzadas nas costas, e um laço por cima da camisa branca com gola Claudine de bordado inglês e mangas bufantes tão difíceis de passar a ferro, tudo isso completado por um chapéu de aba larga na cor vinho: esse uniforme (da escola Sévigné, em Saint-Étienne) suscitava nas alunas, sobretudo o chapéu, sentimentos de pavor, resignação, fúria, mas nunca a bela indiferença, afinal enfeava todas, sem exceção; nos anos 60, uma preocupação minimalista com a elegância proibia o uso de salto alto com calça comprida, e agora é o contrário: os saltos finos ficam maravilhosos com calças largas ou justas; ao telefone, gostar das vozes musicais suaves, cristalinas, alegres ou, ao contrário, das vozes graves, meio hesitantes diante da própria gravidade, mas não da voz dura, dessa não, nem da voz cavernosa, mas gostar do som a um só tempo forte e extenuado do final das tempestades; gostar também das vozes meio cortantes e

Afinal, Precisamos Saborear a Vida!

metálicas que enfatizam cada sílaba numa pronúncia perfeita, na qual se percebem a ortografia, a sintaxe e até – ó, perfeição! – a pontuação (da qual a de Claude Lévi-Strauss é o exemplo perfeito); tremer ao ouvir alguém contar com voz entrecortada e sem entonação fatos traumatizantes, violentos, sangrentos, e sentir o estômago embrulhar; ver de repente, depois de um dia pra lá de feio, um rasgo violento no céu, atravessado por raios brilhantes de ouro líquido, e sentir-se revitalizada; recobrar o fôlego, recuperar as forças, esperar com as pernas estendidas à frente e apoiada nos cotovelos a vez de se hidratar após um passeio de bicicleta numa subida um tanto íngreme depois de Chambilly; cantar resoluta no seu apartamento silencioso, apesar da voz enfraquecida pela idade: "*Salut, salut à vous, braves soldats du 17ᵉ.... Vous auriez, en tirant sur nous, assassiné la République*"*, e ficar emocionada com "o heroísmo" desses recrutas que se recusaram a atirar nos grevistas em Carmaux, embora sob ameaça de execução; reco-lher com a ponta do indicador molhado migalhas, abandonadas sobre a mesa ou no prato, do dourado e

---

* *Gloire au 17ᵉ* – canto antimilitarista. "Salve, salve bravos soldados do 17º regimento. Se atirassem em nós, teriam assassinado a República." (N.T.)

caramelizado palmier; imaginar o percurso do pássaro, do qual se vê apenas a sombra projetada num paredão; rir sem conseguir parar, explodir em gargalhadas por motivos desconhecidos e suspeitos ao ouvir todas as histórias de quiproquó em que alguém se vê envolvido a contragosto, quer movido pelas circunstâncias, quer por outros motivos, numa situação constrangedora, mas que diz respeito a outra pessoa; acariciar um queixo áspero pela barba de quatro dias; aspirar o odor salgado e alcatroado de uma têmpora grisalha; pensar que comeria com imenso prazer, mais de quarenta anos depois, o mingau quente de milho (de milho verde, não de sorgo) com uma calda de folhas frescas de baobá; olhar sem medo nem nojo um estoma, eflorescência semelhante a uma rosa vermelha que acabou de desabrochar numa barriga de pele sedosa e cor de alabastro, a quem sua própria presença dá a aparência de um jardim zen; perceber, no coração da sua solidão, no silêncio das grandes cidades, o toque longínquo e amortizado de um celular esquecido num cômodo vizinho e fora de alcance durante a noite, como o som de um sino vindo do mais profundo do espaço-tempo, testemunhando que há calor em alguma parte e que está concentrado em você; deixar sua imaginação vagar

Afinal, Precisamos Saborear a Vida!

pelas expressões clássicas que revelam o famoso "ditado popular" e seu extraordinário gosto por não misturar gêneros, por exemplo, *margaritas ante porcos*, pérolas aos porcos, incapazes por natureza de apreciar sua beleza, e, no entanto, achar agradável a imagem de um leitão rechonchudo usando uma tiara de pérolas cinza ou negras, cujo brilho é intensificado por estarem expostas numa pele suavemente rosada, realçada pelos fios de seda prateados; ouvir com serenidade, em plena noite calma, o sussurro regular das batidas do coração nos ouvidos, e com irritação os tremores nervosos e imprevisíveis das pernas; ficar extasiada diante de Nadia Comaneci nos Jogos de Montreal e boquiaberta diante da sua atual transformação em dona de casa americana sem qualquer complexo; apertar e extirpar o menor cravo, a menor espinha, a menor aparência de verruga sem se preocupar com as marcas residuais, enquanto suspeita das traiçoeiras rugas que surgem; lembrar-se constrangida da visão, já no táxi em que se encontrava, de uma amiga subindo a rue de Belleville, depois de terem compartilhado um almoço animado e descontraído no Le Baratin, ao se virar para se despedir e ficar paralisada diante do rosto crispado por uma apreensão ou dor desconhecida, e tão repleto de mal-estar, que se sentiu culpada e incapaz, apesar da amizade, de ter pressentido esse profundo estado de inquietação e, pior ainda, de não lhe ter prestado ajuda; abrir com curiosidade um pacote que havia encomendado mas esquecido; ir à manicure pintar as unhas com um esmalte de longa duração e escolher com todo cuidado a cor que exibirá por mais de um mês; adorar todo tipo de catálogo, sobretudo os que mostram utensílios de cozinha e roupa de cama, mas igualmente os profissionais (quando um lhe cai nas mãos); acompanhar demoradamente com o olhar as barcaças ao longo das águas tranquilas do canal de Bourgogne e ter olhado atentamente, repetidas vezes, a passagem de uma delas pela comporta, esforçando-se para memorizar os antigos mecanismos; não saber mais o que fazer com os sublimes e volumosos aparelhos de jantar de porcelana de Limoges ou da linda cerâmica de Digoin-Sarreguemines, uma delas decorada com nostálgicos gerânios verde-oliva, que pertenceu à sua avó materna quando ela se casou em 1905, mas que os jovens não querem mais, pois se contentam com três pratos nos seus minúsculos apartamentos; abrir-se aos primeiros raios de sol, mas fechar-se como uma ostra tão logo faz muito calor; correr como uma louca para pegar o ônibus e perdê-lo: *è regolare!*;

Afinal, Precisamos Saborear a Vida!

observar, em Vertolaye, a dona de uma pousada arrancar com dedos ágeis e exímios as pétalas murchas dos gerânios no parapeito do terraço; tentar, em vão, coçar atrás das orelhas de Vladimir, o circunspecto e tímido gato branco rajado de preto e cinza-claro, que, furtivo, se aproveita das portas entreabertas nos corredores e desliza para dentro dos apartamentos, fareja paredes e móveis, e escapole apressado tão logo se sente ameaçado; ter tido, na quinta ou na sexta série, uma colega de turma chamada Denise, pirralha malcriada, líder autoritária e grosseira, de quem se recorda agora perguntando-se se a vida a mudou e de que forma, talvez para pior, como certas heroínas toscas e vingativas de Agatha Christie; dar a pessoas que ama nomes que correspondem, na imaginação, a algo bem preciso, tais como a enfermeira "Mademoiselle Victoire"* ou seu assistente "Valentin le désossé"**, que, de tão parecido com o original, executa com maestria toda espécie de malabarismos, nos quais as pernas percebem os erros

---

* *Mademoiselle Victoire* – personagem do livro *Arte no sangue*, de Bonnie MacBird, em que Sherlock Holmes é chamado para resolver um caso envolvendo a cantora de cabaré parisiense. (N.T.)
** *Valentin, o desossado* – bailarino/contorcionista dotado de grande flexibilidade, apresentava-se no Moulin Rouge nos anos 1890 e foi imortalizado por Toulouse-Lautrec. (N.T.)

cometidos pelos braços ou mãos, e sobretudo saber que elas ficam felizes por assim penetrarem outro mundo; com alegria e sem remorsos jogar fora coisas guardadas nos armários embutidos: toalhas de mesa, lençóis, guardanapos, panos de prato..., e nas estantes separar os livros para guardar e os livros para dar, estes bem empilhados na antessala do imóvel, aguardando seus novos leitores, mas não se desfazer de jeito nenhum de bibelôs e objetos de qualquer origem alegremente presenteados por amigos: estes não são compartilhados com ninguém, nem em pensamento nem na vida real; ir ao encontro do mar saltitando sobre seixos cortantes; na primavera, tentar ver se abrirem os brotos durante o período de germinação; ter mantido intacta sua imensa curiosidade infantil em relação a tudo; ter apreciado com moderação uma observação de Lévi-Strauss a seu respeito: "Você tem espírito de homem", ciente de que ele considerava isso um elogio, mas ter reverenciado e amado esse homem de sábio olhar de elefanta matriarca, sobretudo quando de perfil, e que também lembrava por vezes – no momento em que saía de mansinho do laboratório, encurvado, o corpo meio torto, o passo apressado e o olhar escorregadio, notando tudo, mas não vendo nada – o estilo do famoso e genial Groucho

Afinal, Precisamos Saborear a Vida!

Marx; detestar ter que descascar caranguejos, camarões e lagostins, mas apreciar, ao contrário, a lenta aproximação do coração da alcachofra, para arrancar com os dentes a carne macia no côncavo das folhas, deixando a marca dos incisivos superiores; ficar devastada de inquietação pela perda de um manuscrito, no sentido literal da palavra, do qual não teve tempo de fazer uma única cópia e confiá-la a um amigo; saber que está vivendo sua octogésima-quarta primavera (ou verão ou outono ou inverno) – uma vida que chega ao fim; desejar ser projetada ao passado em Florença, no dia em que um colega e amigo, graças ainda a Enric Porquerès i Genè, a fez descobrir a sublime *Virgem* de Pontormo e seu jeito tão gracioso ao esboçar o gesto de se voltar; ter amigas que se chamam Monique, Annick, Solange, Anne, Michèle, ou Michelle, Françoise, Madeleine, todos nomes cuja consonância situa bem a "faixa etária" da qual fazemos parte, mas também amigas de outras "faixas etárias" posteriores: Catherine, Éliane, Sophie, Terry, Odile, Lydie…, ou mais ainda, Simone, Andrée, e amigos cujos nomes são bem menos preditivos da geração: Marc, Jean-Charles, Emmanuel, Jean, Aldo, Salvatore, Gérard, Olivier, Pierre-Henri…, sem contar os nomes que desapareceram como uma roupa balançando suavemente no terraço ensolarado de uma casa de campo enquanto a folhagem das árvores farfalha pertinho (ah, reminiscências!); apropriar-se, por meio da imaginação, de relatos e descrições, criando uma representação mental tão viva que por vezes beira o júbilo, tal como a descrição daquela velha sede de fazenda marroquina em adobe, no centro de uma grande plantação de oliveiras e figueiras, com um poço de pedra, todo o local rodeado por sebes de figueiras-da-índia – duas laterais, que machucavam os dedos das crianças, e outras duas, com uma mureta de pedras soltas, na qual foi construído um portão mantido sempre aberto para que os vizinhos do lado oposto da estrada tivessem acesso e pudessem pegar água… tudo ali estava: beleza, calma, simplicidade, serenidade, silêncio, solidez, solidariedade, ingenuidade…, e cujo singelo pensamento era tão reconfortante: essas coisas existiram na vida de uma amiga marroquina e, graças ao milagre das palavras e do amor, ela conseguiu transmitir sua visão a outra pessoa; criar paisagens e situações em torno das palavras, como *tourmente* que, no dialeto dos habitantes do Livradois, na região da Auvérnia, designa uma forte tempestade de neve que impossibilita enxergar um palmo além do nariz e é capaz de fazer com que alguém morra a dez

Afinal, Precisamos Saborear a Vida!

passos de casa, sem nunca encontrá-la... quantos relatos horripilantes ouvidos na década de 1940, quando ainda nem se falava de aquecimento global; desejar com todas as forças que um dia uma pessoa amada supere seu problema...; lembrar-se de noites de acampamento "selvagem", depois de dias andando de bicicleta, em barracas simples, onde se dormia sem colchão inflável, direto no chão duro, dentro de sacos de dormir, pertinho de um rio para ter água pela manhã e depois de ter obtido a autorização dos fazendeiros das cercanias para nos instalarmos em segurança; desejar aprender a reproduzir os gestos rápidos de braços e mãos que os jovens trocam quando se encontram no boêmio 20$^{\underline{e}}$ arrondissement (com certeza em outros bairros também), mas, em contrapartida, recusar-se peremptoriamente a toda e qualquer ideia de piercing, tatuagem e tudo aquilo que marca definitivamente o corpo num sofrimento consentido; contar pela enésima vez a mesma história e continuar a achar graça, rolando de rir, como a do velho e digno senhor com Parkinson, pobrezinho!, que escorrega na fina camada de gelo e, ao cair, agarra o braço de uma cinquentona que também cai, e, enquanto tentam se levantar, ele muito confuso e pedindo mil desculpas, ela lhe diz revoltadíssima: "Senhor, quando se cai, se cai sozinho!", com toda a verve da dignidade ofendida; admirar uma orquídea cor-de-rosa clarinha pontilhada de grená, que refloresce quase todos os anos, lá se vão uns seis ou sete, e questionar a duração de vida dessas plantas quando mantidas em vasos; perguntar-se qual a razão, além de seus numerosos carocinhos, do desaparecimento das tangerinas nas nossas feiras; perguntar-se: "Mas o que houve?", estupefata por não se ter feito tal pergunta antes; assustar-se com a quantidade de erros de ortografia e de sintaxe encontrados nas cartas e e-mails que recebe de estudantes, pessoas letradas e até mesmo de universitários; ficar contente ao ver que conceitos forjados na sua disciplina, a Antropologia Social, ganharam força e passaram a fazer parte da paisagem teórica ensinada e colocada em prática; sentir uma preguiça enorme e passar a tarde inteirinha sem fazer nada, acomodada numa poltrona reclinável; sentir uma felicidade imensa ao comer diariamente croissants no café-da-manhã; surpreender-se com a própria ingenuidade, que beira a tolice, diante de pequenas e clássicas trapaças, como a de um homem amável, educado, elegante, que, certo domingo de manhã, em frente ao prédio fechado da Unesco, explica que, ao chegar, não conseguiu encontrar seu contato e agora não tem dinheiro para

Afinal, Precisamos Saborear a Vida!

pegar o trem para o subúrbio distante onde vai morar, e você lhe dar o dinheiro necessário, e, decorridos oito dias, encontrar o mesmo homem, no mesmo lugar, ser abordada da mesmíssima maneira, e você comentar que se trata de uma farsa e ser xingada com os piores palavrões; recordar, com surpresa e uma pitada de nojo, as paredes e tetos cobertos de morcegos na casa onde iria se hospedar à noite, em certa aldeia do Círculo de Ouahigouya, e que, por acaso, ou como era de se prever, saíram voando às seis da tarde para a caçada noturna; ter sempre medo de se ver obrigada a ultrapassar, nas estradas bretãs de mão única, uma carreta extremamente longa; rogar fervorosamente aos Céus (com C maiúsculo) para que chova no dia de certas manifestações, mas não no dia 14 de julho, porque adora assistir ao desfile pela tevê; gostar de ouvir a amiga Éliane esmiuçar os planos cinematográficos e seus efeitos sobre o público, como o "plano fechado"; ter ouvido por um bom tempo, certa noite, o passo solene – é verdade: lento, pesado, cambaleante – de uma coruja grão-duque no assoalho do sótão sob as vigas, em Bodélio, mas também muitas vezes as corridas alvoroçadas de guaxinins brincalhões que, vindos do rio, subiam pelas heras e entravam pelos buracos dos ratos, uma cavalgada barulhenta, acompanhada de explosões de diabrura, que um toni-truante "Calem a boca!", procedente do andar inferior, surpreendia e suspendia por um instante, rapidamente substituída pela cavalgada em retirada na direção das saídas de incêndio e acompanhada de esbarrões, rixas e conflitos ruidosos; usar bizarros sons guturais e caretas no lugar de palavras para impedir que um pirralho desconhecido a importune, sobretudo no trem, mas também em qualquer outro lugar; ir ao encontro da desgraça com os olhos e a mente bem abertos, talvez disposta a suplantá-la; mergulhar com enorme deleite nos romances de Henry Rider Haggard, especialmente no *Ela*, esse triunfo da imaginação delirante e ainda assim bem estruturada, relato de uma viagem iniciática repleta de tormentos, delícias e contratempos, tudo tremendamente crível, inclusive o tradicional modo de execução, em que se colocava, como um chapéu, na cabeça da vítima, um pote de cerâmica incandescente: isso se passava em lugares que atualmente pertencem a Moçambique, e lembrar-se de repente do período tão difícil que foi o Apartheid na África do Sul, no qual se infligia aos traidores uma morte em que se colocava um pneu em chamas em volta do pescoço deles; gostar também do estilo recreativo de um passado mítico

Afinal, Precisamos Saborear a Vida!

e fabuloso, dessa vez com real preocupação histórica, das obras de Mary Renault e de Robert Graves, que falam da Grécia Antiga ou de Creta de maneira tão verídica; gostar, de fato, de aventuras e descobertas sob todas as formas: quer se trate de encontrar um trevo de quatro folhas, cruzar o caminho de um leão, garimpar uma edição rara, passear diante dos portões azul-cerúleo das casas tunisianas de Sidi Bou Said, sonhar com a Amazônia ou ver o trabalho das velhas pescadoras de pérolas no Japão, sonhar em atravessar um deserto, montar um dromedário... pequeninos sonhos de falsa aventura quando se viveu a verdadeira compartilhando por muito tempo, e várias vezes, a vida com os habitantes de Samo; ter continuado a ser uma mocinha romântica a seu modo...; sentir-se mal em interromper ao telefone a verborreia de uma amiga loquaz, tão difícil de cortar quanto soltar uma cascavel agarrada no salto do seu sapato; ter vontade de esbofetear quem presenteia meninos com tambores (por outras razões além do barulho), assim como quem dá louça de brinquedo às meninas; ter passado pela cabeça a ideia de haver conhecido um pouco a queimação da fome (mas seria uma obscenidade rara pretender tê-la de fato experimentado!) em duas ocasiões: quando criança, durante o êxodo de 1940, e depois quando estudante, durante a Crise de Suez, ocasião em que todos os bicos permitidos para a sobrevivência dos estudantes caíram como folhas mortas, e também quando, juntando as parcas economias, foi preciso viver três semanas a fio à base de um café e uma bisnaga por dia; ter mergulhado durante um bom tempo os dedos da mão direita (exclusivamente os da direita) no mingau de milho para formar pequenas bolhas, mingau esse que era a refeição daqueles com quem se partilhava a existência, mas ter conhecido as refeições pantagruélicas dos grandes festins familiares e a opulência dos grandes banquetes camponeses ao fim da colheita ou ao fim da labuta, dos quais saíamos reluzentes de suor, mais ou menos "altos", de qualquer maneira felizes e exaustos, após seis horas ininterruptas passadas à mesa; às vezes se perguntar: será que os outros se lembram de mim com a mesma emoção com que me lembro deles?, fiz diferença na história deles como eles fizeram na minha, embora, é claro, de modo diferente?, não é pura vaidade acreditar poder ter deixado uma lembrança, uma bela e memorável imagem em alguém?; surpreender-se com a facilidade com a qual se deixa de falar, bem rápido, dos mortos conhecidos tão logo ultrapassam o primeiro círculo de parentesco

Afinal, Precisamos Saborear a Vida!

ou de vizinhança: serei eu a única pessoa a me lembrar de um bisavô que conheci criança e que passou por três guerras contra o mesmo inimigo em 1870, 1914-1918 e 1939-1945?, e que só chamava os alemães de Boches, sem saber explicar o que essa palavra queria dizer e o que significava para ele; sentir um nó na garganta, uma espinha atravessada, ficar em permanente e vigilante tocaia para captar o inusitado detalhe que ajudará a seguir em frente: observar, por exemplo, uma manobra abrupta no voo de um pássaro, o olhar insólito de raiva lançado por um garoto ao seu grupo, as discussões entre motoristas, recheadas de xingamentos de tudo quanto é tipo e de embates ridículos, mas cuja aspereza é de doer os ouvidos; divertir-se executando um alfabeto de linguagem corporal agressiva em diversos lugares; ter tido, durante um tempo, alucinações noturnas de um realismo surpreendente: em volta da cama, médicos e enfermeiras imóveis, atentos, silenciosos – sem responderem às perguntas –, olhares frios, mãos nos bolsos e estetoscópios pendurados no pescoço, e que, num piscar de olhos, desapareciam todos ao mesmo tempo, mudos; pegar, de repente, o carro ao anoitecer, por volta das seis, e ir até a ponta do cais do pequenino porto de Doëlan para contemplar o mar, e ir embora após um último olhar lançado à margem direita, para a casinha de Paul Guimard e Benoîte Groult, apenas por um único instante, as mãos nos bolsos, e voltar tomada por uma simples e profunda satisfação: ritual que o hóspede do hotelzinho na beira do cais vê se repetir todos os dias como uma procissão solene e necessária, mas que agora se faz de carro, sempre para lavar a alma, os olhos, a mente, o coração..., e muito mais eficaz depois de (dependendo do gosto) tomar uma taça de vinho tinto ou comer uma barra de chocolate amargo; apreciar a suavidade de certas colocações irônicas tão bem direcionadas, a ponto de o alvo da flechada rir inocentemente como os demais do grupo, sem desconfiar de que a flecha se dirige a ele; ter assistido em Bodélio, na Bretanha, em meio a um inverno cortante, um dos espetáculos mais ingênuos e inesperados que a natureza pode nos oferecer: num canto da pradaria lá no alto, fechado por muros, um anexo de paredes de tábuas e telhado forma um abrigo guarnecido de palha para os animais que ali se instalam para dormir sempre do mesmo jeito: primeiro os dois pôneis adultos se deitam, um do lado esquerdo, outro do direito, as espinhas dorsais encostadas do rabo até a inclinação do ombro, bem ali se forma um ninho côncavo no formato de

Afinal, Precisamos Saborear a Vida!

triângulo atapetado por suas crinas estendidas, é nesse côncavo que vem se aninhar a cabra, sua coluna áspera unindo-se aos dois pescoços equinos, e é nesse côncavo que ela mesma forma, com as quatro patas dobradas, um novo espaço onde vão se instalar, por sua vez, cautelosamente, os três gatos, Mãezinha, Mitchum e Jeune Gandin, de quem falo em *O Sal da Vida*. Todo esse mundinho enlaçado dorme, ronca e sonha... Agitam-se suavemente, estão felizes, assim como nós, também vencidos pela quietude.

Segunda Parte
Modelagem

Hoje, segunda-feira de Páscoa, 2017, faz frio, o dia está nublado, infinitamente triste, e me pergunto de onde irromperá a faísca, a emoção, pois, de modo suntuosamente inesperado como sempre, ela surgirá.

Um dia tão longo, desde quando a luz do dia desapareceu, enfraquecimento do olhar sobre as coisas? da vista? da retina? ou – por que não? – dos raios de sol! A natureza enfraquece no mesmo ritmo que nós, ou tomamos a dianteira no caminho de uma perda, ou ela amavelmente nos acompanhará, confundindo-nos: é ela que se cansa e se contrai, não a gente. Entretanto, a natureza em nós, unida a nós, quando os botões se abrem, está aí para nos dizer, eleitos, e somente a nós, que somos os únicos seres capazes de perceber a totalidade do seu avanço e da sua beleza intransigente, generosa, beleza da inturgescência, beleza das florescências, beleza da graciosidade sonhadora das corolas, dos estames e dos pistilos ordenados de variadas formas segundo a espécie e a beleza transparente dos seus nomes: asfódelo, bola-de--neve, botão-de-ouro, crisântemo, dedaleira...

O que é saber, o que é envelhecer?

Duas palavras que costumam estar associadas. Os velhos são sábios, a biblioteca morre. Por que uma afirmação tão corriqueira quanto esta deixa arrepiados os cabelos daqueles a quem é destinada? Você, que sabe tantas coisas, que tanto aprendeu ao longo da vida; você, que é um poço de sabedoria como dizem, verdade aceita por você mesma, e que consagrou a vida à ciência, merece o devido respeito. O desafortunado poço de sabedoria torna-se, sob a injunção imposta, o que nunca cessou de ser: um poço sem fundo de espanto, de angústia, de medo paralisante diante da imensidão da sua ignorância e dos campos de conhecimento onde jamais se aventurou.

Este saber não dominado inteiramente pela alma se sente açoitado, triturado pela ponta fina da dúvida, a única coisa que submerge desta totalidade que lhe creditam, ponta tão afiada, tão penetrante que é impossível defini-la. As palavras faltam, o contorno das coisas fica embaçado, tudo o que era claro escurece. O que sei? Nada, tão pouco, pouquíssimo, a espuma, a poeira.

Afinal, Precisamos Saborear a Vida!

Quando a pergunta é feita, o cérebro nada controla senão os seis ou sete conceitos capazes de serem reunidos e percebidos num relance, como o que faz surgir a ponta da agulha do toca-discos em determinado momento, tudo mais não passa de potencialidade, suspensa no instante.

O que sei? Tenho consciência de que nada sei, mal sei viver.

Sou incrivelmente talentosa para a procrastinação e me obrigo diariamente a concluir, pelo menos, uma tarefa fastidiosa, como declarar meu Imposto de Renda em cima da hora do prazo limite para a entrega, mas sempre me defronto com uma pilha de pendências que vão da carta de uma antiga colega de escola a solicitações de apoio a ONGs, de um panfleto guardado visando uma futura compra a uma carta oficial solicitando a participação num ou noutro colóquio ou em algum evento do qual sei de antemão que não participarei, mas que demoro a responder sem outro motivo senão a procrastinação.

Há pouco tempo, fiquei atordoada ao tomar consciência de forma brutal, à claridade perversa de uma soleira iluminada num corredor escuro, da mudança ocorrida na fisionomia familiar de uma amiga que sempre aparecia, tanto em pensamento quanto na vida real, com seu rosto gracioso, símbolo da juventude, sorridente, expressivo, afetuoso, e no qual surgiram, num relance fulgurante, as rugas, os tendões do pescoço, a flacidez da pele: foi uma verdadeira ducha de água fria, mas logo depois, por sorte, logo depois voltei à adorável percepção anterior... Ninguém se alegra, longe disso, ao ver as jovens do seu círculo de amizade envelhecerem, o brilho embaçar, o rosto encovar, surgirem os ridículos pés de galinha e as profundas rugas verticais de preocupação entre as sobrancelhas, os cantos da boca desabarem. Tudo isso não passa do processo natural rumo à decrepitude de todos os corpos vivos. Numa sempre ficam os cabelos sedosos; noutra, os olhos de cetim escuro; numa terceira, um sorriso perpétuo, os cantos da boca levemente levantados como os de um famoso anjo; numa quarta, uma leveza que faz com que se curve e se levante com tal graciosidade que te deixa deslumbrada; a autoridade calorosa e protetora de uma; a energia fantástica de outra, que faz com que você se indague como ela suporta pular de atividade em atividade como quem brinca de carniça, no mínimo, dez vezes por dia; e em todas a benevolência natural e a capacidade de deixar florescer e reflorescer uma

Afinal, Precisamos Saborear a Vida!

amizade iniciada há anos. Mas o que são "amigas de trinta anos" a essa altura? Bobagens. Nós, nós tivemos tempo de nos avaliarmos, de nos julgarmos, de nos gostarmos em todos os sentidos dos termos. Nossos relacionamentos nada têm a ver com nenhum interesse, nenhum "lucro". São a respiração necessária nos nossos dias. O que seria de mim sem essa âncora tão fortemente fundeada na minha história, como eu espero ser na delas?

Naquela época, naquele tempo, no passado, outrora? Atônito e achando graça, um amigo conta o modo como o filho de oito anos se serve da expressão "naquela época": de modo absoluto, e não relativo. Ele não se refere à época dos gauleses, um longo período, à época da guerra de 1914-1918, um acontecimento importante de longa duração, nem à época da estreia do filme *E o Vento Levou*, um acontecimento menor, pontual é certo, mas representativo de uma época. Para essa criança, e sem dúvida para as da sua faixa etária, a palavra "época" remete de maneira indistinta ao passado, ao tempo dos pais e de todos aqueles que os precederam, sem profundidade genealógica nem cronológica. "Naquela época" quer dizer gentilmente "na sua época", significa que a expressão é a contraparte, a recíproca do famoso "no meu tempo" usado pelos adultos. "No meu tempo", dizem uns. "Naquela época", dizem outros, vagamente depreciativos, em ambos os casos sem grande vontade de saber mais ou de aprofundar a questão. Em contrapartida, essas palavras – "naquela época", "no meu tempo", "antigamente" – coincidem com as reivindicações identitárias constitutivas do conflito de gerações: se o passado daquela época era bom, é porque dele eu fazia parte. Uma menina de sete anos se divertia (isso faz uns quinze anos) interrogando o avô a respeito do que fora inventado ou não "no seu tempo". O automóvel? Não. Foi antes, diz ele. O avião, a moto, a máquina de lavar roupa, a televisão? Tudo passa sob o crivo do "no seu tempo" ou "antes". E depois é a vez do celular. "E o celular?," pergunta a garotinha. O avô responde: "O celular é do seu tempo. Foi inventado depois que você nasceu." Silêncio que se eterniza. Num piscar de olhos, a garota toma consciência do peso da História e de que faz parte dela: mais tarde poderá falar desse momento específico vivido "no seu tempo", "na sua infância", "naquela época". Trata-se de uma revelação surpreendente e crucial para a criança a passagem da consciência de um status de ego manipulador, distribuidor, no mínimo organizador, para o da formiga que

Afinal, Precisamos Saborear a Vida!

trabalha na sombra com todas as demais, na criação do que será percebido mais tarde como a arte de viver, representativa da sua época.

Conheço um gato chamado Vladimir. Ele é branco e medroso. Seu comportamento nada tem a ver com o seu nome de guerreiro. Arisco, entra na casa, roça as paredes e as fareja, mas foge rapidamente se tentamos tocá-lo. Acariciá-lo é impossível. Certo dia, deitada no meu quarto, convalescente, algo subitamente mudou na consistência do ar ou do silêncio: abri os olhos. Vladimir estava ali, beleza branca, imóvel, tal e qual uma coruja, sentado na colcha ao pé da cama. Olhando-me como se esperasse alguma coisa que não vinha. Aproveitara-se de uma porta apenas encostada no corredor. E, naquele instante, houve um intercâmbio. Não sei mais qual de nós dois fez "miau".

Antigamente dizia-se que os velhos voltam à infância. Tratava-se quase sempre de estigmatizar o declínio da razão e de todas as funções cognitivas. Ou, então, de evidenciar certa afinidade no raciocínio e na dependência física e afetiva com a infância. Somos apresentados constantemente a tocantes e agradáveis imagens de bebês e velhinhos compartilhando um enorme prazer mútuo. Contudo, têm eles, de fato, escolha? Permitam-me

75

duvidar. A reprovação social seria atroz com quem preferisse aproveitar o tempo livre em vez de "sacrificá-lo" tomando conta dos netos. A expressão "tomar conta" em si é surpreendente. Toma-se conta de um rebanho para evitar que os animais se percam. Toma-se conta de bens e "toma-se conta" de crianças. Tomar conta é, antes de mais nada, proteger uma propriedade, bem como controlar, vigiar (tomamos conta do que é nosso). O termo é, com certeza, correto para bens móveis e imóveis, para as muralhas que fortificam uma cidade para o poder. Mas quando se trata de crianças, tomar conta é também manter limpas, vestir, abrigar, acalentar, educar, brincar, alimentar, amar. Por qual truque de mágica se passou da anódina vigilância a essa multiplicidade de tarefas não enunciadas, mas apenas implícitas? Talvez porque tomar conta dos netos – e tudo o que isso pressupõe – pertença, no pensamento coletivo, ao mundo das mulheres. O que torna mais simples e mais desprovido de valor esse "tomar conta"...

Não poder mais decidir sozinha o que fazer com o próprio tempo é algo dolorosíssimo. Não se trata aqui dos horários que estruturam a vida dedicada ao trabalho, mas do conjunto organizado da vida, quando ela depende da chegada em horários aleatórios e da

Afinal, Precisamos Saborear a Vida!

presença de diversos profissionais da saúde. É necessário um aprendizado da espera. Uma espera sem nenhum outro fim senão a boa vontade alheia. Por que dispomos muito mais facilmente do tempo de alguém que está deitado do que de alguém que está de pé? Por acaso a relação vertical/horizontal equivale a uma relação ativa/passiva porque a horizontalidade corresponde ao repouso absoluto, que corresponde à inércia, que corresponde à preguiça, que, por sua vez, corresponde à completa disponibilidade?

Coisa dolorosíssima talvez, ou melhor, constrangedora, mas dolorosíssimo mesmo seria não ter nenhum rosto conhecido à espera, nenhuma pessoa com quem contar, ninguém para cumprimentá-la alegremente dizendo seu nome, ninguém para quem sorrir e que responda com as mesmas atenções que você lhe dedica.

Faz tanto frio nesse 7 de maio de 2017 – que permanecerá, sem dúvida, nos anais por outras razões –, que escrevo usando luvas pretas enfeitadas com pequeninos brilhantes e uma grande echarpe de caxemira bem macia, ligeiramente entremeada de azul-claro e cinza, presenteada por alguém de quem gosto, por cima de um vestido estampado no qual predomina o verde anis e colocado para fazer com que a primavera chegue logo. Venha, primavera, eu suplico, e não pule pela janela! Devo estar parecendo meio "kitsch", como dizem os jovens de hoje.

Como é possível que eu me lembre tão pouco da minha infância, da minha adolescência, tão pouco de grandes períodos da minha vida adulta? Um belo dia, todas as lembranças pularam pela janela. Eu me lembro de momentos que foram intensos e decisivos, do calor sufocante no verão de 1942, por exemplo, das minhas primeiras colheitas à moda antiga. Infelizmente, muitos desses momentos foram lancinantes. O êxodo de 1940 e os ataques dos aviões italianos, os numerosos bombardeios dos Aliados sobre Saint-Étienne, Rive-de-Gier, La Ricamarie, a linha de demarcação entre a França livre e a França ocupada e, em consequência, a separação da nossa diminuta família, a escuta misteriosa da Rádio Londres. Outras lembranças infantis engraçadas emergem, mas sua marca só permaneceu por causa de uma humilhação. Não ter entendido nada, por exemplo, quando a professora solicitou aos pais, por nosso intermédio, uma amostra da nossa urina para pesquisa sistemática de albumina, e do espanto e da vergonha experimentados ao compreender o que me disseram

Afinal, Precisamos Saborear a Vida!

para eu pedir a meus pais e de como me senti ofendida por eles não terem entendido o que de fato a professora pedia...

"Não! Nem pensar em levar um frasco com o seu xixi; certamente, ela queria outra coisa..."

Naturalmente, lembro-me da escola Sévigné em Saint-Étienne, mas de um modo geral. Entretanto, algumas imagens perduram: as meninas de uma mesma turma (quinta ou sexta série) reunidas em círculo num pátio para cantar e representar uma música.

"Y avait dix filles dans un pré
Toutes les dix à marier
Y avait Dine, y avait Chine
Y avait Claudine et Martine
Ah! Ah! Ah!
Catherinette et Caterina
Y avait la belle Suzon
La duchesse de Montbazon
Y avait Célimène
Et y avait la Du Maine.
Le fils du roi vint à passer
Salua Dine, salua Chine, etc.

Embrassa la Du Maine.

À toutes il offrit un bijou,

Bague à Dine, bague à Chine, etc.

Collier à la Du Maine.

À toutes, il offrit un bijou,

Bague à Dine, bague à Chine, etc.

Collier à la Du Maine.

À toutes il offrit à souper,

Pomme à Dine, pomme à Chine, etc.,

Orange à la Du Maine.

À toutes il offrit à coucher,

Paille à Dine, paille à Chine, etc.,

Et lit à la Du Maine.

Et puis toutes il les renvoya

Renvoya Dine, renvoya Chine. Etc."

(Precisava ver como os braços batiam com força para saudar a partida de cada uma.)

"Et garda la Du Maine."*

---

* "Havia dez moças numa planície/Todas as dez casadoiras/E havia Dine, e havia Chine/E havia Claudine e Martine/Ah! Ah! Ah!/Catherinette e Caterina /E havia a bela Suzon/A duquesa de Montbazon/E havia Célimène/E havia a Du Maine./O filho do rei passou/Cumprimentou Dine, cumprimentou Chine, etc./

Afinal, Precisamos Saborear a Vida!

Todas queriam ser a Du Maine ou o príncipe: então era feito um sorteio. E é disso que me lembro, e dos uniformes de cor vinho e do chapéu grande na cabeça, e nem um pouco dos meus estudos nem dos meus professores, exceto uma caricatural professora de inglês, que usava, no topo da cabeça, um verdadeiro andaime de cachos então na moda, e nem também das minhas colegas de turma, exceto aquela bruxa malcriada que mencionei na primeira parte e que tinha a mania de contar segredos detestáveis de todo mundo, e de mais outra que era minha amiga, bem-comportada e tranquila.

Não me lembro da viagem nem da instalação propriamente dita, mas da nossa chegada a Paris, na turma da oitava série, no colégio Racine, localizado em frente a uma das entradas laterais da estação Saint-Lazare, entre a rue de Rome e a du Rocher. Foi uma ruptura radical com o tempo passado em Saint-Étienne e no colégio de freiras. Lá, aprendi a pensar por mim mesma,

---

Beijou a Du Maine./A todas ofereceu uma joia,/Anel para Dine, anel para Chine, etc./Colar para a Du Maine./A todas ofereceu uma fruta/Maçã para Dine, maçã para Chine, etc./Laranja para a Du Maine./A todas chamou para se deitar com ele/Na palha com Dine, na palha com Chine, etc./E na cama com a Du Maine. /E depois mandou todas embora/Mandou Dine, mandou Chine. Etc."/E ficou com a Du Maine." (N.T.)

graças sobretudo a uma professora de francês, jovial e decidida, que certo dia eu visitei quando ficou doente. Essa visita, por sinal, me deixou desconcertada, pois a encontrei de camisola na sua cama desarrumada, o que era compreensível, considerando-se o seu estado enfermo. Mas alguma coisa não se encaixava, algo ao qual eu não podia dar um nome, mas que não era senão a dessacralização.

Da aula de Filosofia data uma ruptura com toda e qualquer tentação de evasão filosófica causada pela repulsa despertada por uma professora idosa em vias de se aposentar, que lia sem levantar os olhos, com voz monocórdica, um texto manuscrito encadernado e tão manipulado depois de tantos anos de serviço, que caía em frangalhos. É duro debutar em Kant nessas condições aos quinze anos, quando nada preparou você para tal. Estranhamente, ela é a única de cujo nome eu me recordo.

Eu tinha sérios problemas com as aulas de Educação Física, o salto em altura e sobretudo com os aparelhos de ginástica, mas eu me redimia, embora franzina, no lançamento de peso. Sentia muito orgulho da minha habilidade, bem como da minha bela voz de soprano e de ter sido escolhida para cantar, no coral dos colégios

Afinal, Precisamos Saborear a Vida!

de Paris, em especial na cerimônia de entrega anual de prêmios no grande anfiteatro da Sorbonne ou no teatro do Châtelet, peças de Johann Sebastian Bach.

E depois, naturalmente, havia as aulas de culinária nas manhãs de sábado. Já contei que o colégio Racine era só para meninas, e o Chaptal, então colégio do segundo grau, só para meninos? Tínhamos, portanto, aulas de costura – desde os conjuntinhos de pagão para bebês até o resistente punho de camisas masculinas –, tricô e culinária. Nossas famílias usufruíam dos nossos aprendizados, da famosa maionese de aipo ao crème brûlée. Não tenho lembranças ruins do colégio, e devo ter guardados, em alguma gaveta, exemplares dos meus trabalhos de agulha daquela época.

Lembro-me de ter me casado em 1958, em Tougan, perante um comandante do Círculo (circunscrição administrativa) da então república de Alto Volta, estarrecido por representar o papel de autoridade oficial num casamento de europeus (para não dizer "brancos", como se falava antigamente).

Eu usava, se me permitem ainda essa referência aos trajes, um vestido de princesa em bordado inglês, de corte evasê, ou seja, justo no busto e largo a partir da cintura, que fora enviado da França, atendendo a uma solicitação minha, sem medir gastos, e sobretudo luvas compridas brancas acima dos cotovelos, que causaram grande admiração em todos que as viram: as crianças se aglomeraram e se empurravam para observá-las, curiosas e intimidadas.

À margem do rio Sourou residia um agrônomo havia muito tempo: tornara-se nosso amigo, e sua casa se transformara em lugar de passagem obrigatório, onde se encontrava um mínimo de conforto (um gerador, chuveiros, refeições de verdade, a língua francesa para se expressar e jornais, mesmo já caducos havia tempo…), sem contar o amistoso acolhimento. Ele tirou fotos dos meus braços enluvados sob todos os ângulos, luvas brancas sob os *balanzans*.*

O administrador que me casou foi, sem dúvida, o último comandante "branco" antes da independência. Porém, coisa extraordinária, os administradores seguintes, puros burquinenses, continuaram sendo vistos como de cor branca. O branco era a cor do poder e, portanto,

---

* *Balanzan*: *Faidherbia albida*, árvore acácia que possui a particularidade de manter as folhas na estação seca e perdê-las na estação das chuvas. São encontradas em torno das aldeias Pana e Samo, onde atraem os Fulani (povo tradicionalmente de pastores) e seus rebanhos. (N.A.)

Afinal, Precisamos Saborear a Vida!

da administração. Ia-se à casa do "Branco", mesmo que a sua pele fosse, sem sombra de dúvida, negra.

Para todos nós, etnólogos que íamos nos apresentar e apresentar nossos documentos de acreditação a cada estada, a paisagem não mudara. Uma colina afastada da cidade (de fato mais uma aldeia), a "Residência" instalada no cume. Entretanto, tudo mudara: quando nos aproximávamos, víamos que o jardinzinho de flores mantido a duras penas já não existia, substituído por um canteiro pedregoso onde galinhas bicavam. No interior do pátio brotavam, como o pio de rolinhas, as vozes acaloradas das mulheres, escandidas pelo ritmo binário ou ternário dos pilões na mesma argamassa e os gritos das crianças. O que mais saltava aos olhos encontrava-se no interior: a recepção continuava com a mesma mobília, como se imobilizada com um toque de varinha mágica. Ninguém da família tinha autorização para ali entrar. O lugar estava silencioso e ligeiramente empoeirado. Mas a grande mudança visual era outra: todos os móveis, poltronas, sofás, cadeiras, aparadores, mesinhas de centro, laterais e de jantar estavam arrumados lado a lado e encostados às paredes, diferentemente do cenário habitual em que as poltronas delimitavam um círculo acolhedor em volta de uma mesinha de centro com seu

85

cesto de frutas: uma outra estética substituíra a anterior. Assim como também se revelava na exposição de retratos individuais ou em grupo, todos de pé, paralisados, no horror da foto instantânea que pega de surpresa. A dignidade do pobre está, antes de tudo, na sua postura.

Eu posso, ao que me parece, passar horas acordada antes de pegar no sono com um livro nas mãos, que esqueço de ler porque estou escutando, com o meu ouvido direito, o barulho surdo e reconfortante, embora não regular, dos meus batimentos cardíacos. Ele está ali, não para, interrompe-se, às vezes, para recomeçar, como se isso lhe exigisse grande esforço, a contragosto. Mas ele volta, fiel ao posto. Grande parte do tempo, é surdo, vagamente solene, como o passo ritmado de um exército em marcha; algumas vezes, ele retumba ou parece que vai se insurgir, mas outras vezes é sutil. Contudo, sua característica é a fidelidade no meu ouvido direito, o que me permite contar essa pulsação, tão logo o tempo para num vazio que ele acaba por preencher por completo.

Minutos atrás (estamos em 19 de maio de 2017), o tempo estava triste. Havia pesadas nuvens cinzentas bem baixas. Chovia. Agora mudou: o céu já está azul, uniforme e suave, e o sol ilumina a junção entre as

Afinal, Precisamos Saborear a Vida!

duas paredes, uma branca e a outra cor de casca de ovo caipira. É um refinamento que o sol nos oferece, simples como dar um bom-dia, mas distingui-lo e identificá-lo como uma proeza do instante encarna a passagem do devaneio à consciência, do implícito ao explícito. Por que a minha atenção, meio dispersa, concentrou-se de súbito nesse jogo de luzes e cores?

Talvez pela brusquidão da passagem de um estado a outro, ou por uma vivacidade dançante instalando-se onde antes reinava uma imobilidade tristonha, como em *Cantando na Chuva*.

Na turma da sexta série, a gorduchinha, maledicente e malvada, e a que eu mais temia, era também a que guardava as chaves de múltiplos saberes. Mais adiantada que todas nós, mais velha, sem dúvida, atrevidíssima, dava as cartas, mesmo na presença dos professores. Vivia cercada por um séquito que cochichava a respeito de grandes temas, dos quais as outras eram excluídas. Eu as rodeava, morta de vontade de ter acesso ao grande saber... E lá cheguei. Explicaram, à burrinha inocente que eu era, o que significavam as regras das meninas: elas surgiam um belo dia e, a partir daí, voltavam todos os meses. Fiquei aterrorizada. Esta perspectiva me deixou abatida meses a fio. Pelo menos, não

FRANÇOISE HÉRITIER   *Ao Sabor do Tempo*

levei um grande susto quando elas chegaram e, se bem me recordo, não tive, por parte da minha mãe, nenhuma explicação.

Creio que as mulheres da minha idade me compreenderão.

Graças a ela, pelo menos, pude de repente entender trechos de leituras que durante muito tempo me haviam escapado. O primeiro deles (e hoje me pergunto onde posso tê-lo encontrado) dizia respeito a Sarah Bernhardt. Ela atuava, no início do século 20, na peça *O Filhote de Águia*, de Edmond Rostand, e usava para o papel uma calça branca justa, para não dizer colada. Uma jornalista testemunhou a preocupação da diva, que atravessava uma das suas "indisposições" mensais, de que tal indisposição fosse vista acidentalmente no branco da sua calça. Isso era motivo suficiente para excitar a imaginação das meninas: de que indisposição se tratava e por que essa "indisposição" seria vista através da calça, e não da blusa? Mais tarde, eu reconheceria o termo "indisposição" nas justificativas redigidas pela minha mãe para as professoras de ginástica: "Peço que a dispensem, Andrée-Françoise está indisposta."

O segundo texto encontrava-se num artigo de jornal esquecido em cima da mesa da cozinha, em

Afinal, Precisamos Saborear a Vida!

Saint-Étienne. Devíamos estar em 1943-1944, não mais que isso. Na época, procurava-se um bando de criminosos escondidos nas montanhas de Forez, e encontraram na floresta sinais de um recente acampamento. O texto dizia mais ou menos o seguinte: "A presença, nas proximidades, de panos ensanguentados sugere aos investigadores a existência de uma mulher entre eles." Foi grande a minha confusão, jovem leitora impulsiva e ignorante: por quais ardis de dedução lógica podiam passar dos fatos observados – panos ensanguentados – à conclusão: há uma mulher entre eles? Eu me perguntava se a pele das mulheres, mais sensíveis, sangraria mais que a dos homens quando precisavam se deslocar no mato…

Vem-me ainda à mente uma lembrança de jovem adolescente, no Livradois, no final da guerra. Que o leitor me perdoe pelos detalhes a seguir: na época, os absorventes não eram descartáveis, mas confeccionados em casa – um quadrado de toalha de banho velha, que podia ser dobrada em três no comprimento e que trazia uma faixa de dois dedos de largura, em tecido grosso, costurada ao longo da linha mediana e ultrapassando-a em muito; esta faixa era presa com alfinetes de fralda a um cintinho usado por baixo da calcinha. Eram chamadas familiarmente de "toalhinhas higiênicas", roupa íntima que se deveria deixar de molho, esfregar, ferver e secar ao ar livre, nos varais das casas. Assim, todo mundo controlava atentamente a presença mensal das toalhinhas das mulheres casadas, e o começo de toda gravidez era do conhecimento da vizinhança (exceto em caso de alarme falso ou haver duas penduradas!). Eu acabei ficando maravilhada com o duplo sentido da palavra "bandeira" utilizada pelos franceses para se referirem também às toalhinhas higiênicas; então, além de bandeira nacional, bandeira dos exércitos, estandarte e auriflama guerreira, todas encharcadas do sangue de homens mortos em combate, e bem longe de toda esta lama gloriosa, estava o tal humilde sangramento menstrual deixado desde sempre em cascas de árvore, folhas e panos pelos milhões de mulheres que nos precederam. Uma aproximação semântica em torno da "bandeira" que evoca, ao mesmo tempo, a glória e a clandestinidade, o ostensivo e o oculto (oculto, lacrado, enterrado), o claro e o escuro, e mais abruptamente, mais basicamente fisiológicas, as oposições ou categorias binárias que acompanham a relação ideal e real dos sexos em todas as sociedades humanas (ativo/passivo, gloriosa morte em combate/morte no parto, quente/frio, seco/úmido…).

Afinal, Precisamos Saborear a Vida!

★ ★ ★

Como as demais jovens da minha geração que estudaram em colégios católicos, num meio pequeno-burguês de pouca cultura, eu não conhecia absolutamente nada da vida. Tirados da biblioteca pouco fornida do meu pai, eu lia escondido (com a lanterna debaixo do lençol) romances de Paul Bourget ou de Henry Bordeaux. Histórias como a de *Jamile sob os cedros*, cujo título ainda produz em mim certo efeito, me faziam vibrar na época. Eu era muito romântica. Nada sabia da sexualidade, do sexo masculino, do ato em si, e muito menos da procriação, da gestação, do parto. Eu já entrara havia tempo na idade adulta quando fui obrigada a fazer o parto da minha gata siamesa de olhos azuis ao parir pela primeira vez. Como o primeiro filhote não queria sair, me vem claramente à mente o fervor sagrado e delicado do gesto que precisei realizar, sem dúvida não de todo suave, porque ela miou virando a cabeça na minha direção. Nunca tinham me convidado para assistir ao nascimento dos bezerros e dos leitões na fazenda onde eu passava as férias. E disso ainda guardo ressentimentos.

Tomei então consciência de um aspecto única e exclusivamente feminino ao tentar dar sentido a questionamentos de longa data, que jamais tinham encontrado qualquer eco ou qualquer resposta dos adultos, tanto pais quanto professores.

Em contrapartida, cheguei perto da morte e do luto aos dezesseis e aos dezoito anos, quando, com um pequeno intervalo, perdi meus bisavós Genêt, pai e mãe da minha avó materna. Velei os dois, tanto um quanto o outro, a noite inteira, no lugar dos adultos, exaustos. Lembro-me claramente das suas mãos cruzadas sobre um terço, do lenço preso provisoriamente com um nó em volta do queixo, das janelas e do espelho cobertos de preto, da água derramada do jarro que fazia parte do conjunto de toalete em faiança, das velas com luzes bruxuleantes e daquela cor amarfinada espalhada nos traços dos rostos.

Vi a morte anônima, brutal e sangrenta nas estradas do êxodo e, mais tarde, durante os aterrorizantes bombardeios em Saint-Étienne e no vale industrial de La Ricamarie. Cada explosão sacudia todas as paredes da nossa escola, inclusive as do porão onde nos espremíamos, apavorados. Ao voltar para casa depois de um bombardeio, vi, na traseira de um caminhão

Afinal, Precisamos Saborear a Vida!

estacionado na frente do hospital, um carregamento de vários mortos e uma cabeça decepada caída no chão, que eu olhava com fascínio e incompreensão antes de ser expulsa do lugar.

Estive mais perto da morte na África, na república do Alto Volta, hoje Burkina Faso. Tentei várias vezes com sucesso deter seu avanço sobre as crianças. Duas delas eram recém-nascidos cujas mães tinham morrido no parto ou de febre puerperal, trazidos com enorme sofrimento pelas avós maternas; essas mulheres idosas, de seios flácidos, se ajoelharam aos meus pés sem que eu as pudesse impedir. Disseram-me então que não tinham mais leite. A frase pode parecer surpreendente vindo de mulheres tão envelhecidas. Na verdade, vemos crianças mamando em peitos velhos, e não se trata meramente de brincar com a teta. A explicação é simples. Se, desde a puberdade, a mulher não cessou de alternar gravidez e período de aleitamento, e seu último parto não ocorreu há mais de dois ou três anos, basta a sucção de um bebê para reativar os canais galactóforos. Mas aquelas avós já haviam ultrapassado essa fase lá se ia muito tempo. Em ambos os casos, fui até a capital comprar um estoque de leite em pó para diferentes idades, mamadeiras e chupetas, e ensinei as mulheres a usar.

Assim, tenho uma filha, Nasaralo, "a filha branca" ou "a filha da branca", e um filho, Nagulé. Mais à frente, já adolescentes e depois adultos, foram me visitar durante minhas estadas no país. O caso mais impressionante ainda me emociona e sempre suscita em mim o mesmo sentimento de culpa. Como todos os meus colegas etnólogos, eu tinha uma pequena farmácia para problemas pouco graves, mas esperavam de mim milagres, e precisei pôr um pouco de ordem no atendimento para não dedicar todo o meu tempo aos cuidados. Ficou combinado que os "pacientes" poderiam ir lá, às seis da manhã e às seis da tarde. Certo dia, por volta do meio-dia, foram me avisar da presença de um homem acompanhado da filha pequena, vindos de uma aldeia distante e acolhidos como hóspedes na casa de um conhecido. Pedi que lhe avisassem para voltar às dezoito horas. Quando cheguei, pai e filha me aguardavam sob o teto de palha do galpão. A menina tinha um dos pés coberto por camadas de panos sujos de pus, sangue e terra. Retirei as faixas com cuidado e descobri o que poucos médicos experientes do mundo ocidental podem declarar ter visto, a saber, uma úlcera fagedênica carcomia a carne do tornozelo e da parte inferior da canela esquerda, deixando os ossos a descoberto, bem como

Afinal, Precisamos Saborear a Vida!

uma massa compacta de gordos vermes brancos. Tirei tudo o que pude, enrolei a perna da menina numa toalha limpa e partimos para o hospital de Tougan. Chamar aquilo de hospital é um exagero. Mas a construção de fato existia, e o hospital era dirigido por um homem extraordinário, enfermeiro diplomado pela Escola Superior de Dakar e que fazia o que podia sem dispor de recursos. Era preciso comprar uma simples compressa na farmácia libanesa, os doentes chegavam trazendo suas redes e provisões, e acompanhados por alguém da família para lhes preparar a comida.

Tão logo nós chegamos, fomos rodeados pelos funcionários. O caso era raro e impressionante. Foi por intermédio do enfermeiro que soube do que se tratava. Colocaram a menina em posição reclinada, em cima de uma mesa, cercada por cinco ou seis homens, dentre eles o pai, para segurá-la a fim de que não se mexesse enquanto limpavam cuidadosamente a ferida com os medicamentos que consegui comprar. Tiravam os vermes com pinças. Foi o pai que desmaiou e caiu duro. A menina não disse uma única palavra, não expressou, de maneira alguma, a dor que devia estar sentindo, não gritou, não chorou, não protestou, não esperneou...

parecia quase não humana em seu estoicismo de dez anos de idade.

No que me diz respeito, aguentei firme, o que não cansa de me surpreender. Eu não me acreditava capaz de assistir, quanto mais de participar da limpeza da ferida. Mas isso me serviu de lição: agora tinha certeza de que podia colocar de lado minhas emoções quando precisasse agir. Vomitaria depois.

Ainda sinto vergonha de tê-la feito esperar. Anos depois, ela veio me visitar e agradecer. Estava casada, já tinha um ou dois filhos e o tornozelo esquerdo coberto apenas por uma pele muito fina, mas sobreviveu.

★ ★ ★

Formei-me emocional e afetivamente aos pedaços, como uma colcha de retalhos. Algo ocorreu na minha infância que me proporcionou uma espécie de solidez. Alguns dos meus amigos e parentes se surpreendem com a minha capacidade de recuperação física após doenças graves e dois longos períodos de hospitalização (até nove e doze meses a fio!). Acredito que isso se deva à guerra e a essa alternância de dias de intenso pavor

Afinal, Precisamos Saborear a Vida!

durante o êxodo ou os bombardeios, e os dias de felicidade plena nas fazendas da minha infância: L'Espinasse,
La Courtade – na casa do tio Joseph Friteyre, de bigodes ao estilo Vercingétorix, e da tia Anna, de quem me
lembro com ternura –, L'Imberdis, onde morava um
maravilhoso tio velho, Pierre Monteilhet, prefeito da
sua comuna, a voz rouca em consequência dos gases
asfixiantes na guerra de 1914, sua mulher Nini, toda
enrugada, cheia de vida e engraçadíssima, e seus dois
filhos, Jean e Germaine (que acaba de falecer), e uma
montoeira de gatos sentados ao nosso lado nos bancos
durante o lanche, esperando os pedaços de biscoitos,
molhados no café, que lhes oferecíamos. Como se pode
passar tão facilmente de um mundo ao outro, das sirenes
noturnas ao saltitar em estradas de terra em busca de
lascas de mica, do mais puro terror ao prazer de pegar
caranguejos pela parte de trás da cabeça, de "pastorear",
cuidar das vacas e da cabra de manhã e de tarde...

É esta capacidade de alternar com facilidade auste-
ridade e prosperidade, doença e saúde, a sede de viver e
o medo de morrer, que me dá força e resistência.

Mas não conheci, é verdade, os grandes horrores
da guerra: a deportação, os campos de concentração,
os piolhos, a sarna, os maus-tratos, a fome, a morte

implacável, os fornos. Só me resta sentir, intimamente, vergonha de poder me lembrar de momentos infantis de felicidade.

É também, acredito, graças a essa capacidade para a alternância, de passar de um modo de vida a outro, de um estado físico ou emocional a outro, que adquiri uma espécie de indiferença ou de domínio quanto a tudo o que ocorre no meu próprio corpo. Em contra-partida, recebo como uma punhalada no coração tudo o que afeta a saúde e a vida dos que me são próximos, especialmente da minha filha. Quanto a mim, nada me atinge: posso falar clinicamente de tudo o que acon-tece comigo. O que meus amigos chamam de força da alma não passa de indiferença; a única coisa que de fato me assusta é sofrer muito. Não considero, contudo, por natureza ou por educação, que sou "dura na queda", como se dizia antigamente. Simplesmente consigo man-ter distância em relação ao que acontece e, por vezes, até cheguei a me interessar por sua estranheza ou sua chegada repentina. Assim penso num "vólvulo", cuja simples menção do nome me faz rir, para indignação do corpo médico. Seria esse estado de graça duradouro?

★   ★   ★

Afinal, Precisamos Saborear a Vida!

Com frequência observei, quando alguém reaparece na vida de outrem depois de uma longa ausência, o quanto esse momento de passagem, por mais emocionante que seja, parece não apenas lançar uma ponte entre o passado e o presente, mas acima de tudo aniquilar por completo o tempo que separa o passado e o presente. "Parece que foi ontem" significa e deixa subentendido que ontem foi o último dia em que estivemos juntos. Essa facilidade nos reencontros é perturbadora. Como é perturbador o oposto, em que essa espontaneidade desapareceu e já não sabemos se tratamos o outro com familiaridade ou cerimônia, quando ficamos sem graça após os cumprimentos de praxe: Oi! Como vai? Faz um século…, quando o constrangimento, o embaraço ou a falsa cordialidade sobrepõem-se à alegria dos reencontros agradáveis, aqueles nos quais entramos de peito aberto, como nos velhos relacionamentos.

Alternar, reencontrar, permanecer você mesmo como um eixo no seu mundo, que engloba tantos outros mundos imaginários, mas tentar compreender o imaginário do outro e até encontrar um lugar mais ou menos justificado neste mundo. Acho que, sem saber, faço parte do imaginário de várias pessoas, graças ao livro O *Sal da Vida*, e espero não as decepcionar. Quanto às minhas amigas, não sei de fato o que pensam de mim, mas elas me são caras, indispensáveis. É claro que adoro conversar com elas, adoro essa tagarelice sem fim tão característica das mulheres, mas não é só isso. O que mais me encanta quando estamos juntas é o humor, a graça, o espírito, o riso. O riso instaura uma forte ligação entre os seres humanos por concretizar um *continuum* entre os corpos que, nos sobressaltos, se regeneram e aguçam o espírito. Ficamos felizes de rirmos juntas, pois sentimos e pensamos da mesma maneira: damos gargalhadas ao ver alguém escorregar numa casca de banana porque entendemos ao mesmo tempo o automatismo e o excesso de segurança da vítima pega de surpresa, e nem precisamos comentar. Adoro rir com os meus amigos.

Sempre me pergunto como fui capaz de obter minha educação intelectual num meio *a priori* tão pouco favorável e tão pouco encorajador. O primeiro livro de que me lembro é uma obra ilustrada para meninas de oito a dez anos, que narra uma história passada nas Antilhas. Um furacão atinge um vilarejo e os habitantes se refugiam numa "colina". Eu não sabia o que era isso: não busquei explicação na minha casa nem na escola, e deixei a imaginação voar. Com as crianças, refugiava--se uma babá, gorda e de rosto redondo, usando um

Afinal, Precisamos Saborear a Vida!

lenço com as duas pontas amarradas no alto da cabeça e uma esplêndida anágua vermelha por cima do vestido rodado, como a criada de Scarlett em *E o Vento Levou*. Foi o meu primeiro encontro – duradouro, pois li e reli repetidas vezes o livro – com o exótico e ainda assim cotidiano, e com a grande questão do universal e do relativo: a anágua é da ordem do universal, embora a maneira de usá-la não o seja, pois está relacionada com a relatividade das culturas.

Por volta dos treze/quatorze anos de idade chegou às minhas mãos *Quo vadis?*, de Henryk Sienkiewicz, essa epopeia lírica da vida e da morte dos cristãos sob o Império Romano da época de Nero. Lembro-me de algumas cenas dramáticas ilustradas, particularmente daquela na arena do circo, onde Ursus aguarda estoicamente a morte quando adentra um enorme touro negro, pelo eriçado e furioso, tendo amarrada às costas a loura princesa nórdica a quem Ursus está ligado por forças cuja profundidade ele próprio ignora. O homem se precipita. A cena mostra Ursus agarrando o touro pelos chifres e girando-lhe a cabeça para quebrar a cervical. Tem os pés plantados na areia, as panturrilhas salientes, assim como todos os músculos das costas. Ele estava

101

FRANÇOISE HÉRITIER ❧ *Ao Sabor do Tempo*

soberbo e nunca o esqueci, assim como não me esqueci da inocência do seu sentimento, protótipo de muitas das histórias de amor literárias e cinematográficas futuras. Restou-me o gosto pelos romances um tanto cavaleirescos, como *O capitão fracasso*, de Théophile Gautier, ou, no cinema, a bela história entre Robert Mitchum, único sobrevivente americano numa ilha do Pacífico controlada pelos japoneses, e uma freira, interpretada por Deborah Kerr, também a única sobrevivente da sua própria Missão. A história contando a sobrevivência e o resgate é emocionante demais, em consequência da contenção mútua apesar da inevitável promiscuidade e do inevitável *crescendo* de sentimentos.*

Por fim, chega a mim o final do século 19 inglês. Entre algumas referências que enumero, houve evidentemente outras descobertas, mas menciono aquelas que fizeram mais sentido para mim. Foi o tempo de ler Jane Austen, Thomas Hardy e as irmãs Brontë, Charlotte, Emily e Anne.

Considero *The Woodlanders*, de Thomas Hardy, um dos mais importantes romances de amor de todos os

---

* *O Céu por Testemunha* – em inglês *Heaven Knows, Mr. Allison* –, filme de John Huston, de 1957. (N.A.)

Afinal, Precisamos Saborear a Vida!

tempos, e *Jane Eyre*, de Charlotte Brontë, a quintessência da arte de nos fazer sentir o alvoroço da paixão sob a frieza e o recato da escrita. Fiquei, é verdade, seduzida pelo leviano e tenebroso Mr. Rochester, porém bem mais pela jovem meiga, vítima de uma infância castrada, de uma juventude domesticada, mas orgulhosa, inteligente, silenciosa, reservada, a jovem cujo rosto angelical Rochester compara ao rosto demoníaco de sua esposa créole, inchado pelo álcool, pelos excessos, pela triste herança do sangue "podre" das ilhas e pela loucura.

Não se trata, entendam, de um aprendizado intelectual, mas sempre emocional, com clara preferência pela literatura. Eu não me iniciei, como muitas das minhas colegas, com difíceis obras filosóficas, Kant, Hegel ou Marx, nem com grandes autores como os citados por Emmanuel Terray em *Mes anges gardiens*. Não, eu adorava a ficção, mais a evasão do que as ideias.

Matriculei-me na Sorbonne, na época a única universidade parisiense, depois de dois anos de preparação para as Grandes Escolas no colégio Fénelon – anos dos quais não guardei grandes recordações, afora a acirrada competição à qual se entregavam as meninas, todas primeiras da turma de seus colégios de origem e que deveriam reproduzir a escala hierárquica, e a presença

FRANÇOISE HÉRITIER · *Ao Sabor do Tempo*

luminosa da ruivíssima Dina Dreyfus, professora de Filosofia e que já tinha sido casada com Claude Lévi--Strauss. Apesar de cursar História, conheci Dina na biblioteca com um grupo de estudantes de Filosofia que influenciaram bastante o meu destino intelectual, profissional e pessoal. Desse grupo faziam parte Alfred Adler, Michel Cartry, Michel Izard, além de Olivier Herrenschmidt, Solange Pinton, Sonia Flis, Philippe Girard e Félix Guattari. Em torno desse núcleo central giravam grupos satélites com diferentes horizontes intelectuais, embora eu ainda não fosse capaz de definir com clareza o que tornava tal núcleo identificável.

Vem-me à memória uma lembrança engraçada referente a meu primeiro encontro com Félix Guattari. Eu estava sozinha no pequeno apartamento onde Michel Izard morava, no sexto andar de um velho e decrépito prédio na rue de Montmorency, um pouco recuado em relação ao apartamento de baixo, cujo telhado de zinco formava um terraço levemente inclinado. A mobília era sumária, resumindo, cozinhava-se e tomava-se banho atrás de uma cortina de correr ao longo de uma bancada onde havia apenas um fogareiro e uma pia. Eu tinha chegado antes para preparar um jantar bem simples para os amigos (quatro convidados

104

Afinal, Precisamos Saborear a Vida!

em torno de uma mesa de bridge): massa, salada e frutas. O macarrão cozinhava tranquilamente quando a porta se abriu para um jovem de "rosto simpático". "Félix", apresentou-se estendendo a mão. Ao que, como boa latinista, respondi com um largo sorriso: "Eu também." Rimos muito. Ele falava da clínica de La Borde e do doutor Oury com tanta paixão e tanta lucidez que era difícil não se deixar convencer.

Alguns desses estudantes encontravam-se uma vez por mês na casa de Louis Dumont para reuniões eruditas e apaixonadas em torno de sua obra *Homo hierarchicus*, mas também para discutir marxismo, estruturalismo, e apresentar relatos analíticos e minuciosos das teorias então da moda, como o formalismo nos estudos de parentesco com base nos trabalhos de Goodenough e Lounsbury. Bem, não me estenderei no que diz respeito a tais questões, senão para dizer que me parece que eu não intervinha muito, aterrorizada pela minha ousadia de me encontrar no meio de todos aqueles rapazes tão doutos e tão eruditos que "estudavam Filosofia" na Sorbonne, e não modestamente História, como eu.

Em 1955, ao atingir a maioridade, deixei intempestivamente a casa dos meus pais, depois de a minha mãe proibir, mais uma vez, que eu me instalasse no *chambre* *de bonne** – exíguo, é bem verdade –, e saí antes do jantar com duas calcinhas na bolsa para chegar à casa de Michel Izard, que se mostrou abismado com a minha "iluminação", embora me incentivasse a tomar tal atitude fazia tempo, debochando da minha suposta pusilanimidade, convencido de que nada jamais mudaria por minha iniciativa própria. Tal história me parece, olhando em retrospectiva, o protótipo das reações posteriores ocorridas na minha vida por parte de pessoas com quem eu mantinha relações profissionais e se enganavam a meu respeito, interpretando meu bom-humor constante e minha quase impossibilidade de ficar encolerizada como conformismo, fragilidade, ou até por me julgar facilmente influenciável.

Então acabei alugando, na rue Gay-Lussac, perto do cinema Studio des Ursulines, um chambre de bonne num sexto andar, com banheiro no térreo, durante alguns anos de estudos, é verdade, mas também de aprendizagem de vida. Eu me sustentava trabalhando como entrevistadora para pesquisas de mercado. Era o início

---

* *Chambre de bonne*: quarto minúsculo, geralmente situado no sótão, que não oferecia o mínimo conforto nem dispunha de um banheiro, e era destinado às empregadas domésticas das famílias de classe média alta. (N.T.)

Afinal, Precisamos Saborear a Vida!

desse tipo de coisa. Nosso patrão, Alfred Denner, tinha criado sua empresa desde o zero, localizada num prédio na esquina da rue Soufflot com a Saint-Jacques. Alfred era irmão de um ator iniciante, Charles Denner, que comia o pão que o diabo amassou e que víamos passar muitas vezes no escritório do irmão para pedir algum dinheiro. Os dois eram parecidíssimos fisicamente e tinham a mesma dicção clara e precisa, embora entrecortada. Eu admirava demais a correção, a dignidade e o talento dos dois. Lembro-me em especial de uma pesquisa junto às donas de casa do interior sobre sua propensão à aquisição de um Butagaz para alimentar os fogareiros e substituir os fogões à lenha. Eu havia percebido, pelas anotações nas minhas pesquisas, que elas diziam "meu" fogão e "o" Butagaz, e, portanto, a campanha publicitária deveria ter como objetivo a apropriação do Butagaz pelas usuárias. Comentei isso com uma outra entrevistadora, que rapidamente compreendeu a importância da constatação e foi direto conversar com o chefe, atribuindo-se o mérito da observação. Lembro-me ainda do ressentimento experimentado por essa apropriação, quando Alfred Denner, durante uma reunião final de trabalho, elogiou sua extrema qualidade de escuta, e do sorrisinho maroto que ela me deu. Não consegui dizer nada. É engraçado como esses momentos de impotência diante da injustiça, mesmo insignificantes, jamais se apagam.

Nessa época, Michel Izard e eu frequentávamos assiduamente, quer dizer, toda noite, o Tournon, café emblemático, e como! Era – e ainda é – decorado com afrescos *naïves* representando o Jardim de Luxemburgo. Ocupávamos, como se fôssemos os donos, a mesa para quatro localizada no corredor que levava aos banheiros, e que, na verdade, permitia acomodar até seis pessoas. Comíamos cachorros-quentes e sanduíches, tomávamos café, reconstruíamos o mundo. Nesse tempo, o Tournon era frequentado pelos negros americanos que rejeitavam o seu país. Em especial, os escritores que começavam a ganhar fama, tais como Richard Wright e Chester Himes, autor de uma série de romances policiais hilariantes, na França publicados na coleção de capa dura preta e amarela da "Série noire" da Gallimard, centrados em dois tiras negros chamados Jones Coveiro e Ed Caixão. O primeiro da série se intitulava *Run Man Run*, se não me engano. Mas costumávamos sair mais com músicos, como o imenso Slim, de origem nigeriana, naturalmente elegante, simples, que ninguém sabia onde morava, que me chamava cerimoniosamente de

Afinal, Precisamos Saborear a Vida!

"princesinha" e ria às gargalhadas. Um dia, ele desapareceu. Depois de uma breve investigação, encontrei-o no hospital Hôtel-Dieu. Fui visitá-lo, e o descobri numa das grandes salas existentes na época, onde havia quatro fileiras de leitos, dois de cada lado, e dois – um de cara para o outro – no meio. Ele estava ali, na fileira central, desamparado e confuso. Recuperou-se e teve alta, mas em seguida, para nosso grande desespero, desapareceu de vez. Havia também uma jovem, estilista de moda, que criou para mim um magnífico cinto negro em formato de espartilho e brincos vanguardistas feitos com fios de prata que passavam nas extremidades por um buraco perfurado num pequenino seixo oval, um deles cinza e o outro bege dourado. Ela expunha no boulevard Saint-Germain, ao lado da livraria La Hune.

Frequentávamos, assiduamente também, a livraria Maspero, onde os estudantes roubavam sem o menor pudor, e que acabou indo à falência por causa disso.

Na École Normale Supérieure (ENS), eu assistia às aulas de Henri Marrou, voz fragmentada de traqueostomizado. Havia também o professor Jean Dresch, do Instituto de Geografia; o decano Aymard, da Sorbonne; Victor Tapié e sua cabeleira branca; e muitos outros de quem me recordo com nostalgia. Concluí a licenciatura em História *e* Geografia, a única permitida às moças, embora existissem duas licenciaturas separadas, uma de História e outra de Geografia para os rapazes. A explicação para essa diferença residia no fato de que as moças não eram de todo preparadas intelectualmente para as dificuldades teóricas das complexas questões da Geografia! As leitoras de hoje em dia não acreditarão nos próprios olhos, no entanto é a mais pura verdade. Em seguida, obtive o diploma de estudos em História Medieval, sob a direção de um maravilhoso professor meio sonhador, de quem, para meu profundo desgosto, esqueci o nome; ele me confiou a tarefa de analisar o *Políptico de Irminon*, que na época não era estudado. A tradução do latim e a análise do texto me deram uma trabalheira. Era, na verdade, um tema de tese, e não consegui terminar em tempo hábil a redação da dissertação.

Aqueles anos foram deslumbrantes, intensos, e deles me recordo com enorme emoção. Foi quando saciei minhas ânsias de liberdade, amizade, aventuras intelectuais que, sem saber até então, iriam se transformar no objetivo principal da minha vida. Descobri também Joyce. Por ocasião da criação da Europa 1, na época uma rádio cultural (!), havia um programa às cinco da

Afinal, Precisamos Saborear a Vida!

tarde dedicado à leitura de páginas essenciais. Durante vários dias, uma atriz leu o monólogo de Molly Bloom em *Ulisses*, de James Joyce. Eu escutava o programa religiosamente: não faltaria a esse encontro por nada neste mundo. Frequentávamos assiduamente também a biblioteca da Sorbonne e a de Sainte-Geneviève, onde guardávamos lugares para os amigos. Eu também ia ao Enfer, no térreo à direita na Sainte-Geneviève, para ler nem me lembro mais quais textos, e sentia orgulho de ter um passe livre oficial.

Bancávamos uma espécie de *Jules e Jim* fazendo uma linha romântica e íamos mais especificamente escutar o próprio Jim, aliás Henri Serre, que cantava no cabaré Le Cheval d'Or, antigo açougue de carne de cavalo, que, do lado de fora, conservava sua bela placa dourada na rue Mouffetard, ou nos arredores.

Foi durante esses três anos, decisivos por mais de uma razão (1953-1956), que eu conheci Claude Lévi-Strauss, sempre graças aos exemplos e ao incentivo dos meus amigos filósofos e à minha curiosidade aguçada, como bônus. Ele realizava um seminário na quinta seção da École Pratique des Hautes Études (EPHE), na Sorbonne, no segundo andar da escadaria Richelieu, numa enorme sala quadrada que dava para a rue

Saint-Jacques. Só os frequentadores assíduos (talvez uns vinte e cinco) compareciam. Os assuntos que Lévi--Strauss discutia naqueles anos não apenas me surpreendiam, mas também me desconcertavam, de tal modo subvertiam todos os meus hábitos mentais. Durante o primeiro ano em que assisti às suas aulas, ele tratava do parentesco de brincadeira nas ilhas Fiji (o *vasu* fijiano) estabelecido entre cunhados quando um é o marido da irmã caçula, enquanto é cercada de respeito e deve ser evitada a relação na qual um é o marido da irmã mais velha. No ano seguinte, outro tema: ele falava da caça às águias entre os Hidatsa. Num tempo sem televisão nem especial predileção pelo "exotismo", a própria ideia de práticas instituídas nas quais esses ritos pudessem existir em alguma parte do mundo não aflorava à mente de ninguém. Foi para mim uma revolução cognitiva descobrir ao mesmo tempo a diversidade cultural e a universalidade dos processos mentais interpretativos.

Depois disso, encontrei Claude Lévi-Strauss diversas vezes. Nos anos 50, ele voltava dos Estados Unidos aureolado com admirável reputação. Ainda era jovem, mas já ostentava uma aparência austera por trás de seus óculos grandes. Usava (charme de estudante?) um lenço amarrado com nó no lugar da gravata e, mais tarde,

Afinal, Precisamos Saborear a Vida!

demonstrou preferência pelos paletós Hollington de veludo cotelê, sem gola e com vários bolsos. Uma única vez, vi Lévi-Strauss rir, e às minhas custas. Eu tinha voltado do meu primeiro "trabalho de campo" de um ano no Alto Volta e me candidatei para o cargo de assistente de pesquisa no CNRS (Centre National de la Recherche Scientifique). Fui visitá-lo no seu escritório na avenue d'Iéna, num magnífico prédio que servia de local para encontros internacionais, para lhe falar da minha candidatura. Já não me lembro direito de qual cargo ele ocupava na época. Começou a enumerar os membros da comissão do CNRS dos quais eu precisava indiscutivelmente me aproximar. Eu não conhecia ninguém. Depois disse: "E em seguida precisa conhecer também o pai Pales". O pai Pales? Como eu nunca tinha ouvido falar dessa pessoa, perguntei da maneira mais educada possível como poderia encontrar "o pai Pales". Ele soltou uma gargalhada. Eu fiquei desconcertada, envergonhada, ruborizada até as orelhas. Ele me explicou: o professor Léon Pales, um honorável erudito, respeitado e muito culto, era médico especialista em Antropologia Física, na época diretor do Departamento das Partes Moles (sim, sim, não estou inventando) do Museu do Homem. Lévi-Strauss, ao falar do "pai" Pales, quis atualizar, de maneira descontraída e cúmplice, a bela e sobretudo tímida jovem que eu era. Duas ou três vezes depois ele me interpelou publicamente em seus seminários para que eu interviesse, o que me deixava bastante constrangida. Lembro-me em especial do dia em que Julia Kristeva, recém-chegada à França, apresentou um seminário na sala 5 do Collège de France. Eu tinha chegado atrasada e estava em pé no fundo da sala. A exposição era muito erudita, cansativa, técnica: não compreendi grande coisa. Ele também não, sem dúvida, porque, depois dos agradecimentos e cumprimentos de praxe, não fez comentário algum sobre o assunto e se voltou em busca de uma vítima. E me viu: "Françoise Izard com certeza tem algo a dizer." Assustada, respondi sem pestanejar: "Não." Ele me fitou com ar de reprovação, furioso. Felizmente, nosso amigo Claude Tardits salvou a situação. Ele sempre tinha algo a dizer.

Os seminários de Lévi-Strauss, na sexta sessão da École Pratique des Hautes Études (EPHE), se transformaram, posteriormente, em local de passagem obrigatório para todos os pesquisadores de campo por uma ou duas gerações. Durante certo tempo, as aulas aconteciam na rue de Varennes, numa grande sala que dava para o jardim de um ministério. Era uma fórmula

Afinal, Precisamos Saborear a Vida!

muito sedutora para o pensamento convidar estudantes e jovens pesquisadores a exporem suas pesquisas em curso, e fomos muitos a repetir a fórmula em nossos respectivos seminários. O seminário era um adendo ao curso propriamente dito, feito *ex cathedra*, no Collège. Ocorreram sessões memoráveis. Lembro-me de uma delas em particular: ele convidara um jovem etnólogo inglês que havia trabalhado numa comunidade de babuínos na África Oriental. O jovem pesquisador assimilara à perfeição o sistema de comunicação dos animais e o imitou de modo espantoso: posturas, gestos, gritos, intimidações, repouso, caça, catação de piolhos etc., saltando por cima das mesas com uma facilidade admirável. O público ficou atônito, achando divertido e ao mesmo tempo assustador.

Hoje em dia, frequentemente me perguntam como era Lévi-Strauss. Ainda que isso surpreenda, pois era tido como austero, inflexível, até mesmo arrogante, eu direi que era tímido, retraído e se surpreendia com sua notoriedade e com a importância que a noção de estrutura e o estruturalismo alcançaram, e até chego a pensar que ele ficava feliz ao lhe demonstrarem afeto. Quando fui eleita professora no Collège de France, como ele o fora antes de mim, pediu-me, de forma privada, que o chamasse de

Claude, pois até então eu o tratava de senhor. Agora estávamos na mesma posição e ele queria um ato simbólico para marcar o fato. Passamos então a nos tratar pelo nome. Ele dava muita importância às aparências sociais. Lembro-me de uma reportagem televisada onde o mostravam experimentando seu traje de acadêmico: era um assunto visivelmente sério e importante para ele, e isso muito me comoveu. Assim como uma foto tirada em Lignerolles, em que ele brincava com seu cachorro, cada um puxando uma ponta de um bastão. Ele não tinha mudado nada, refinado na indumentária, descontraído nos gestos. Nos últimos anos de vida, aceitava de bom grado que o beijassem. Durante anos teve a companhia de Eva, sua secretária até o final, que fumava feito uma chaminé. Ao se aposentar, passou a ocupar um escritório no mezanino da biblioteca, em destaque e envidraçado, o que lhe valeu o apelido de Deus Pai – pelas escadas em caracol nós subíamos o que era, na época da Escola Politécnica, a passarela onde ficava o segurança que vigiava o anfiteatro, transformado em seguida em sala de leitura do laboratório de Antropologia Social. Cheirou rapé durante um tempo, e certa feita me fez trazer de Londres um tabaco especial que só podia ser comprado em uma loja, num endereço específico.

Afinal, Precisamos Saborear a Vida!

Não gostava de se ocupar da gestão administrativa, da papelada; Isac Chiva, diretor de estudos e etnólogo europeísta superconhecido, encarregava-se da tarefa. Quanto a ele, chegava cedinho, lia a correspondência e o jornal, e recebia pessoas para reuniões. Quando chegava ou ia embora, era sempre com passo clandestino, quase furtivo, ao longo de um corredor que tinha de um lado uma janela que dava para o pátio interno e lateral do Collège e do outro as muralhas cinzentas das enormes pastas dos Human Relations Area Files; ele tinha o passo meio desajeitado das grandes garças-reais.

O que mais dizer a respeito dele?

Não era agressivo, mas podia ser inflexível. Não tinha doçura, mas sabia ser afável e cortês. Não era malvado, mas podia disparar flechadas. Não era bem-humorado, mas fazia sorrir. Não era rancoroso, mas sabia ser justo. Não gostava da rotina do dia a dia, mas sabia delegar. Não era arrogante, mas impunha respeito. Misantropo, detestava essa humanidade em profusão que emporcalha o mundo, mas amava os indivíduos; e, misógino, escolheu julgar seu círculo de amizade pelas qualidades intrínsecas e não pelo sexo, e vivia cercado por muitas mulheres que nunca procuraram matar o pai.

Durante as defesas de tese, quando fazia parte da banca, e também durante os seminários, desenhava incansavelmente gatos. Esboços quase sempre, mas algumas vezes desenhos bem elaborados de gordos bichanos de olhar malvado, sentados bem eretos, patas unidas e rabos empinados: tudo em detalhes, o pelo, os bigodes, a dobra da pele ao redor do pescoço, os topetes nas pontas das orelhas. Eu via quando desenhava ao meu lado, e me arrependi muito de não ter guardado alguns desses troféus que ele abandonava em cima da mesa ao ir embora. Teria tido um ou mais gatos? Não faço ideia. Teve araras, que mantinha em liberdade, e cães.

Lendo *Chers tous deux,* descobri seu amor simples pelos pais, com quem se preocupava bastante, seu interesse por carros, sua vida boêmia em Nova York. Ele viajou para os Estados Unidos no mesmo navio que André Breton, descrito como um urso de pelúcia cor-de-rosa, no início da guerra, após ter se encarregado de colocar os pais do amigo em lugar seguro. Recebi, faz alguns anos, documentos emocionantes enviados pelo neto daqueles que esconderam e alimentaram os pais de Claude Lévi-Strauss.

Talvez se surpreendam por eu ter dedicado a esse homem tanta atenção. É que, além da sua qualidade

Afinal, Precisamos Saborear a Vida!

humana e da sua sabedoria, ele exerceu uma influência decisiva na minha vida, modificando-a diametralmente em três ocasiões, pois me convidou a trilhar caminhos que eu sozinha jamais pensaria em trilhar. A primeira vez foi ao me convencer, com a força das suas palavras, a deixar os estudos de História pelos de Etnologia e Antropologia Social. O segundo grande caminho que me fez tomar foi ao me mandar para a África, quando eu me dedicava ao estudo dos astecas. Na época, eu frequentava com Michel Izard e Claude-François Baudez (que se tornou o grande especialista dos maias) os seminários de Guy Stresser-Péan, na quinta seção da École Pratique des Hautes Études, dedicados ao estudo do *volador*, exercício ritual em que jovens enfiam sob a pele da parte superior do peito uma lâmina de madeira presa a uma corda; em seguida, eles são içados ao topo de um poste alto, onde se encontra uma roda articulada, posicionada na horizontal. Uma vez as cordas presas no perímetro da roda, os jovens se lançam no vazio e fazem girar a roda, descrevendo círculos em torno do poste enquanto descem em direção ao chão. Ao aterrissarem, as ripas de madeira sob a carne devem tê-la cortado. Havia inúmeras maneiras de realizar esse procedimento: o sr. Stresser-Péan conhecia todas e analisava-as em detalhes. Sua mãe sempre assistia às suas aulas; por sinal, nunca vi nenhum outro aluno além de nós três. Sempre dávamos um jeito de, pelo menos, um de nós estar presente; e nos perguntávamos se ele teria sido obrigado a dar aulas na frente da mãe...

Que me permitam uma anedota. No Collège de France, quando o(a) professor(a) chegava para dar sua aula ou seminário, tinha que passar numa salinha cuja maçaneta da porta possuía um segredo para abrir e onde se encontrava sobre a mesa o grande livro de presença; o professor precisava assinar sob a supervisão do oficial de serviço que, em seguida, o precedia e o anunciava: senhor professor, senhora professora. Um dia, em 1981, perguntei ao administrador encarregado a razão desse costume; bem, disse-me ele sem rir, é para verificar se tem alguém no auditório. Se não tem ninguém, ele se senta e o professor dá a aula para ele, já que ela deve ser ministrada. Perguntei-lhe então se algum professor já havia sofrido tamanha humilhação. Sim. E não foram poucos, revelou-me o administrador. Antes de se tornar famoso, isso aconteceu várias vezes com Georges Dumézil, por exemplo.

O terceiro grande caminho surgiu bem mais tarde, em 1980, com certeza. Certo dia, ele disse que queria

Afinal, Precisamos Saborear a Vida!

falar comigo e anunciou que iria à minha sala. O que eu poderia ter feito que o inquietara? Nada me vinha à mente. Resumindo, eu estava morta de preocupação. Ele veio até mim e me propôs substituí-lo, sem rodeios. Veemente, manifestei meu espanto: em primeiro lugar, eu me sentia despreparada; em segundo lugar, havia ao redor dele uma pletora de pesquisadores do sexo masculino que acreditavam terem chances de ocupar o cargo e merecerem ser escolhidos. Enumerei alguns. Sem me explicar os motivos, disse que havia pensado muito no assunto e que, em nome do interesse da disciplina e do laboratório que fundara, teria que ser eu. Pedi um tempo para pensar; ele me solicitou que guardasse segredo. Acabei aceitando.

Não nos apresentamos no Collège: somos apresentados por um ou dois professores, em dois tempos, num período de dois anos: há uma primeira votação para o título da cátedra a ser criada, e depois uma segunda sobre o candidato. Antes da primeira votação, este deve fazer uma visita de cortesia a cada um dos professores titulares para apresentar a si e o seu projeto. Vem-me à lembrança uma cena engraçada com a qual eu jamais teria ousado sonhar: Lévi-Strauss foi me ver com a lista dos professores e me apresentou cada um deles com seu jeito elegante e preciso, mas por vezes rude. A respeito de um dos professores, disse-me ser um tremendo imbecil, um grosseirão, e não estava errado. Reconheci todos, graças a ele. Fiz as visitas de praxe em tempo recorde, sempre sigilosamente, e algumas foram deliciosas, outras amáveis, quase todas corteses, à exceção de dois ou três professores que recusavam *a priori* qualquer indicação de mulheres para o cargo.

Uma delas foi feita com falta de ar. Jean-Pierre Changeux me recebeu atrasado, e como precisava ir embora, convidou-me para acompanhá-lo do Instituto Pasteur até o metrô. Percorremos o caminho não a passo de trote, mas a galope mesmo enquanto conversávamos, o que foi demais para mim. Demorei algum tempo para me recompor. Se me julgou durante a corrida, devo ter crescido em seu apreço! Quanto a Jacques Thuillier, convidou-me para almoçar, era um homem requintado. Alguns me receberam em suas casas, e todas as vezes foi um prazer, nunca uma chatice. Somente Pierre Boulez se recusou a me receber, mas ele jamais recebia os candidatos, ao que parece, e por sinal nunca o vi em nenhuma das nossas sessões.

A notícia da criação da cátedra caiu como uma bomba no dia seguinte à reunião da assembleia dos

Afinal, Precisamos Saborear a Vida!

professores e pegou de surpresa o nosso mundinho de antropólogos. Compreendi então o porquê de Lévi-Strauss querer manter segredo: a fim de não desestabilizar o procedimento que ele havia inventado. Vi então que era manipulador, estrategista e tático; algumas das decepções foram violentas e me valeram inimizades duradouras.

Dei a minha aula inaugural no mês de fevereiro de 1983; fiz um pequeno coque na altura da nuca e estava usando um lindíssimo vestido em tons de ocre, dourado e grená. Esperei, oprimida pelo medo, na salinha dos professores com o administrador, Yves Laporte, e uns vinte colegas. Chegado o momento, Lévi-Strauss me segurou pela mão e depois pelo braço. Eu não enxergava mais nada; dei minha aula sentada, amassando freneticamente um lencinho na mão direita, enquanto com a esquerda eu virava as páginas. Contive as lágrimas, apesar de ter a impressão de pronunciar com voz trêmula as primeiras palavras. Minha filha chegou em cima da hora, e só conseguiu sua salvação, quer dizer um assento, graças à amabilidade da sra. Lévi-Strauss. Meus pais também compareceram. O salão estava lotado, e precisaram abrir duas salas de aula suplementares para uma retransmissão. Pierre Bourdieu não encontrou lugar no salão, mas depois me relatou sua felicidade por ter podido me escutar, mesmo sem conseguir me ver. À noite, dei uma recepção na minha casa. Lévi-Strauss compareceu com a esposa, Monique; elogiou meus pais pela filha, de acordo com as regras sociais, que não acreditaram no que estavam ouvindo, já que me consideravam perdida para uma vida normal! Meu irmão conheceu Monique e lhe fez perguntas a respeito da vida na floresta amazônica, ao que ela respondeu, em tom educado, mas com senso de humor, que a pergunta deveria ser feita à primeira sra. Lévi-Strauss, pois ela mesma nunca tinha posto os pés na Amazônia.

Foi um dia perfeito, mas eu continuava tomada pela angústia e pelo medo de não estar à altura do que esperavam de mim. Eu sempre tive essa sensação – e ainda a tenho aos meus quase oitenta e quatro anos – de não merecer aquele papel, de ser uma intrusa, quase uma usurpadora. Sei que estou errada e que tudo provém da educação que recebi, a qual tornava as mulheres subprodutos à margem da humanidade perfeita representada pelos homens. E a formidável confiança demonstrada pelos meus camaradas, e posteriormente meus colegas, da sua legitimidade de estarem ali e da sua superioridade só reforçavam, nesses períodos de formação

Afinal, Precisamos Saborear a Vida!

do "eu", que são a adolescência e o início da idade adulta, a minha convicção de que eu não tinha o direito de ocupar aquele lugar de destaque. E eis que estava sendo obrigada a tal! É à luz dessa experiência íntima que se pode explicar em parte uma curva pela qual enveredei em seguida nas minhas pesquisas e que me levou a publicar obras sobre a relação entre os sexos, obras eruditas, mas também feministas.

Enfrentei comportamentos sexistas, é verdade, já no início da minha carreira, desde a recusa do CNRS em me conceder uma missão junto ao povo Samo porque minha solicitação só podia visar eu ir ao encontro do meu marido em missão junto ao povo Mossi, até risinhos e gestos impróprios.

Em resumo, nada de extraordinário, mas eu tenho uma história engraçadinha para contar. Os professores da área de Ciências Sociais e Humanas do Collège de France tinham adotado, certa época, o costume de promover reuniões eruditas anuais na Fondation Hugot, para a discussão de temas que cada um abordava do ponto de vista da sua disciplina: o sangue e o governo foram os primeiros temas escolhidos. Foi excelente. Ao final das sessões do segundo ano, nosso decano, Georges Duby, lamentou não termos material algum registrado. "Da próxima vez, precisaremos tomar notas", disse ele, e se voltou naturalmente para mim: "Poderia, minha querida amiga, cuidar disso?" Ao que respondi, tomada de violenta emoção:"Meu caro Georges, não estou programada geneticamente para tomar notas melhor que vocês." Todos os nossos colegas haviam concordado com tal designação, todos baixaram a cabeça, e não se tocou mais no assunto. O raciocínio era simples e lógico. Éramos todos, com certeza, iguais em termos de status. Mas tornava-se necessário desempenhar uma tarefa de secretariado. Tais tarefas são consideradas inferiores, portanto femininas. Ora, entre esses iguais pelo status havia uma mulher. Portanto, seria normal que ela desempenhasse essa tarefa. COMO SE QUERIA DEMONSTRAR.

Foi nessa mesma época que comecei a sofrer de uma doença autoimune rara, identificada em seguida: policondrite atrófica recidivante. Ela foi precedida por três pericardites, que me deixaram hospitalizada dois meses em cada uma das vezes e interromperam a minha docência a partir do primeiro ano. Alguns colegas etnólogos zombaram dizendo que a doença tinha sido causada pelo estresse e que eu não tinha "rins suficientes" para ocupar o cargo de professora. Linguagem que diz tudo

Afinal, Precisamos Saborear a Vida!

sobre o traço masculino inscrito nesse famoso cargo! A doença me acompanhou desde então, tratada com carinho pelo professor Jean-Charles Piette, a quem dediquei *O Sal da Vida*; ela foi responsável por inúmeras degradações físicas e hospitalizações. Em 1983, o prognóstico foi de cinco anos de vida. Com o desenvolvimento dos corticoides e dos imunossupressores, a situação foi estabilizada. Continuo aqui, um pouco menos ativa do que antes, mas "valente", como diria minha avó materna ("Ah! Hoje não estou muito valente", dizia ela quando as coisas não iam nada bem).

Me vem à memória outro exemplo dessa profunda dúvida que em mim habita quanto à legitimidade de estar onde estou e mesmo de ser quem eu sou. Recebi, no final de 1988, um telefonema do Ministério da Saúde informando que o ministro, Claude Évin, gostaria de falar comigo. A ligação não foi passada de imediato. Entrei em pânico. Busquei febrilmente o que poderia ter acontecido nos dias ou semanas precedentes que justificassem o que certamente seria uma admoestação. Quando ele veio ao telefone, falou da AIDS, pandemia debutante que aterrorizava os franceses. Explicou-me que o presidente François Mitterrand desejava criar três organismos: uma agência nacional de pesquisa da doença, uma agência francesa para lutar contra o HIV e um conselho nacional de combate à AIDS, que representaria a sociedade civil na sua diversidade, e não o mundo médico. Explicou-me que os dois primeiros organismos seriam dirigidos por professores de medicina, mas que para o conselho precisavam de alguém de fora da área médica, de preferência uma mulher para contrabalançar o peso dos homens, especialista em Ciências Humanas e Sociais para contrabalançar o poder médico e, por fim, dotada de status irreprochável.

Acompanhei perfeitamente suas considerações: apenas eu me encaixava na descrição. Respondi, apavorada, que não sabia nada a respeito da AIDS (embora me interessasse intelectualmente por essa doença reputada por trazer à tona sobretudo a mortalidade, é verdade, mas também seu modo de transmissão pelos humores do corpo – sangue, esperma, saliva).

Pedi um tempo para pensar. O ministro então me concedeu três horas, que empreguei consultando meu marido, Marc Augé, colegas, amigos e a família. Acabei optando pela recusa. Reanimada, telefonei-lhe a fim de dar a conhecer a minha decisão. Ele riu dizendo não ser possível. Perguntei-lhe então o motivo de me haver concedido um prazo para pensar. Ao que ele respondeu

Afinal, Precisamos Saborear a Vida!

ter sido apenas para me agradar, mas que o assunto estava encerrado: "Não se recusa uma designação do presidente da República." Perdi a respiração, mas ele tinha razão.

Seguiu-se, então, um período meio louco. Não havia espaço, dinheiro (eu pagava os selos!) ou funcionários. A princípio, precisei encontrar um local; não me lembro muito bem de como o consegui. Passado um tempo, transferiram para o Conselho uma secretária-geral do Ministério da Saúde, com quem me entendi às mil maravilhas durante todos aqueles anos (1989-95). Tempos depois, colocaram à minha disposição, inclusive, um carro com motorista, o que foi bastante útil, pois eu continuava dando aulas, o que me gerava bastante angústia, pois a regra era nunca repetir a mesma matéria dois anos seguidos, e dirigindo o Laboratório de Antropologia Social. Eu precisava fazer malabarismos com o tempo. A composição do Conselho pelo Ministério da Saúde levou em consideração os órgãos que deveriam constituí-lo, e a designação pessoal dos membros levou ainda mais tempo. A princípio, éramos um grupo díspar. Ao cabo de alguns meses, havíamos nos tornado um corpo solidário. Todos tínhamos aprendido muito quanto à realidade dessa patologia e do ostracismo do qual os soropositivos eram vítimas. Espalhamos então alertas sobre a situação nas prisões, onde os doentes sofriam uma espécie de pena dupla, e sobre o acesso aos seguros, pois as seguradoras usavam questionários concebidos de modo a detectar previamente as pessoas pertencentes a grupos de risco, que eram então recusadas: um jovem, solteiro, que gostasse de rock e de sair bastante à noite tinha poucas chances de conseguir um seguro que cobrisse um empréstimo para a compra de um apartamento! Sinto particular orgulho por ter interferido na situação dentro das prisões – onde não havia nenhuma confidencialidade nem segredo médico, onde os guardas distribuíam medicamentos dos quais conheciam perfeitamente a destinação, onde os dossiês eram acessíveis ao pessoal – preparando um relatório que permitiu a transferência do sistema de saúde das prisões do Ministério do Interior para o Ministério da Saúde. Foi decisivo: de um dia para o outro (ou quase) os dossiês passaram a ser guardados com segurança.

Voltemos um pouco no tempo, à segunda bifurcação da estrada que Lévi-Strauss me fez tomar: a África. Em junho de 1956, sem dúvida, ele fez um comunicado após seu último seminário anual: um de seus

Afinal, Precisamos Saborear a Vida!

colegas, professor na universidade de Bordeaux, Roger Daval, acabava de criar um Instituto de Ciências Humanas Aplicadas (ISHA). O Instituto assinara um contrato de pesquisa com o governo da África Ocidental francesa visando ao estudo da possível aceitação de uma barragem no rio Sourou, afluente/defluente do Volta Negro, não só pelas populações locais, mas também pelas populações suscetíveis de para lá imigrar e pelas que já viviam no vale inundável. Pretendiam poder implantar a rizicultura e, inclusive, chegar a obter duas colheitas por ano, criando a partir de todas as peças uma duplicata da Agência Francesa da Nigéria, que cobria centenas, talvez milhares de hectares no Mali e utilizava grande número de mão de obra. Claude Lévi-Strauss expôs sucintamente o projeto e declarou que o ISHA precisava de um etnólogo e de um geógrafo. Michel Izard apresentou-se como etnólogo e eu, como geógrafa. Minha candidatura foi rejeitada pelo fato de eu ser mulher, supostamente frágil e incapaz de sobreviver ao calor, ao sol, à água suja, às condições precárias, aos solavancos da estrada, aos mosquitos, à malária... sei lá a mais o quê, aos animais ferozes, às cobras, aranhas, escorpiões etc. Defenderam todas essas alegações (à exceção de Claude

Lévi-Strauss, que me apoiava, Denise Paulme e outras etnólogas, é claro), e minha família, nesse sentido, aderiu por completo. Não houve candidaturas masculinas, eu tornei a apresentar a minha e fui aceita por falta de opção, se assim posso dizer.

Nunca esquecerei esse momento único que foi o meu primeiro contato com a terra africana. A viagem foi feita num Caravelle com escalas em Lyon (ou em Marselha?) e depois Trípoli. Chegamos a Niamey ao cair da noite. O pequenino aeroporto surgiu iluminado. Na pista, fui assaltada pelo calor e pelo cheiro daquele mundo. Um cheiro quente, apimentado, inebriante, de húmus, mas também de poeira. Invasivo, perturbador, mas imediatamente familiar, como se pertencente à ordem natural das coisas. Nunca tinha sentido nada como aquilo na França. Entretanto, me parecia reencontrar o que havia perdido ou encontrar o que havia buscado sem sequer saber. Transformei em meu esse cheiro respirado a plenos pulmões, em cada uma das viagens que se seguiram.

Naquela mesma noite, em Uagadugu, ao deixar o quarto de hóspedes do que ainda era o IFAN (Instituto Francês da África Negra) – antes de se tornar o Centro de Pesquisa Científica do Alto Volta – para comparecer

Afinal, Precisamos Saborear a Vida!

a um jantar de boas-vindas na casa do diretor e de sua esposa, numa residência situada no grande parque do IFAN, encontrei minha primeira serpente, comprida, grossa como um punho de homem, uma inofensiva píton sem dúvida, serpenteando em silêncio pela rua. Olhei-a sem comoção, o que me surpreendeu. Ela me ignorou; segui o meu caminho. Tive ocasião de ver outras cobras de perto, muito mais perigosas, sempre sem nenhuma comoção. Tenho sangue frio? Ausência de emoção? Uma espécie de insensibilidade diante dos imprevistos da vida cotidiana? Eu me faço tais perguntas levando em conta dois acontecimentos específicos. Uma mamba-negra, essa sim extremamente mortífera, certo dia, para se refrescar, enroscou-se numa cabaça cheia d'água deixada num banheirinho, fechado por *seccos* (esteiras de palha trançada formando paliçada). Ao entrar, curvei-me para mergulhar as mãos na cabaça a fim de me refrescar. Quando eu estava a quinze centímetros de tocar a água, a serpente adormecida levantou a cabeça. Interrompi o gesto. Tenho certeza de que ela me olhava tão tranquila quanto eu, imóvel, a olhava, no que me pareceram longos minutos, mas que não deve ter excedido vinte ou trinta segundos. Depois, ela se desenroscou e partiu indolente. Só então eu gritei. Surgiram algumas pessoas. Procuraram a cobra. Em vão.

A outra experiência foi consequência de uma desventura. Certa feita, eu fui atacada na savana, perto de Louta, por um enxame de abelhas africanas selvagens. Antes que os aldeões pudessem me socorrer, eu havia levado mais de cem picadas na cabeça e nos braços, pelo que me contaram depois, pois entrei em coma e só acordei no hospital depois de ter sido reanimada por uma injeção de glucagon (acredito eu!) aplicada por um enfermeiro. Um médico militar me informou que eu tive muita sorte de escapar viva, mas ainda corria o risco de ter uma reação letal, caso sofresse nova picada. Nem preciso dizer que, ao voltar à França, todo mundo afastava de mim qualquer inseto e bichinho. Contudo, alguns anos mais tarde, de volta ao trabalho de campo, fui picada inesperadamente por uma abelha escondida numa luva de banho. Eu estava nua, no meu "chuveiro". Minha reação imediata foi vestir-me o mais rápido possível para não ser encontrada sem roupa, saí do banheiro, voltei para a choupana e me sentei na minha rudimentar cama esperando que os quinze minutos fatais chegassem ao fim. Sucumbiria vítima de um edema de Quincke ou resistiria? Ao final desses quinze minutos,

Afinal, Precisamos Saborear a Vida!

em que ora eu me sentia fervendo por dentro, ora congelando, a vida retomou seu curso normal.

Eis a terra africana como costuma ser representada: prolixa em aventuras, desconcertante, misteriosa, perigosa... ou, atualmente, tendo em vista as últimas notícias, um conjunto de nações devastadas pela guerra, seca, fome, corrupção e até pelo terrorismo islâmico. A África que eu conheci era bem diferente: uma terra pobre e laterítica no centro do Alto Volta, mas também os povoados Mossi escondidos em meio aos luxuriantes campos de sorgo, as aldeias do povo Samo cercadas por vastos "parques de balanzans", zona esparsa onde só subsiste essa única espécie, o balanzan (*Faidherbia albida*), bela árvore de folhagem prateada, e também as imensas extensões de mata espinhosa que, de perto, parecem claras, mas onde é possível se perder caso você se afaste demais das pistas traçadas pelas bicicletas e pelos milhares de pés que as percorreram. Mata de onde emergem algumas grandes árvores: karités, nérés, tamarindeiros, mognos africanos e baobás de silhueta tão reconhecível. Mata espinhosa, em geral mais cinza que verde, cortada às vezes de noite por fogos-fátuos que os habitantes acreditam serem voos de bruxas. Mata inamistosa para o estrangeiro que se podia, faz muito tempo, capturar na passagem como escravo, mas no entanto de aparência inofensiva e benevolente.

Eu a percorri a pé com guias, em ambas as margens do rio Sourou, para delimitar as fronteiras de um *terroir* de aldeões. Lembro-me de ser uma tarefa extenuante e exaustiva, mas eu era jovem e não recuava diante de nada. Mata da qual às vezes se emerge como de um sono demorado, tamanha a imensidão silenciosa, perturbada às vezes pelas vociferações de um bando de babuínos em viagem, ou pela revoada de galinhas-d'angola selvagens, ou mesmo às vezes à noite pelo rugido distante de uma fera, de tanto essa imensidão nos engole, impressionante na sua brutalidade e força. Cruzei com kobas ou antílopes africanos, grandes e de bonitos chifres anelados, com um casal de leões atravessando a pista numa noite clara (em torno de sete anos de presença intermitente!), com mabecos, hienas... Em resumo, nada de extraordinário. Certo dia, porém, num parque do Centro de Pesquisa Científica do Alto Volta, eu vi, preso sem que eu pudesse soltá-lo, um infeliz aardvark, animal escavador noturno, sem pelo e cor-de-rosa, dotado de imensas garras e tromba curta. Era o próximo jantar de várias famílias que já o cozinhavam ao sol.

Afinal, Precisamos Saborear a Vida!

Mas a terra africana é para mim, sobretudo, a do encontro com pessoas que amei em campo. "No campo", "na aldeia", "na mata", todas essas expressões neocoloniais para expressar a realidade da vida dos etnólogos. No que me diz respeito, o "campo" era a terra da população Samo, em torno do centro administrativo do "Círculo" de Tougan, e a aldeota de Dalo, que também era o "senhor da mata" (proprietário ritual) para boa parte do povo. O chefe administrativo da aldeia era o único que falava um pouco de francês. Tinha sido sargento na Indochina. Mandara construir para mim uma palhoça de tijolos de argila e telhado também em barro, telhado este que cedeu certa noite de tempestade comigo dentro. Do lado de fora, um *"galpão de palavrório"** e duas outras palhoças para a manutenção doméstica, se assim posso chamá-las. Era preciso retirar água a mais de sessenta metros de profundidade, o que eu era incapaz de fazer. A alimentação básica era constituída de mingau de milho acompanhado de molho de vegetais variados.

---

* Construção feita com pilastras de argila, pedras ou madeira esculpida, aberta nos quatro lados, com cobertura de galhos acrescentada a cada geração, o que permite saber a idade das aldeias. Local onde os velhos descansam e discutem assuntos referentes ao vilarejo. (N.T.)

Eu não gostava muito do molho de quiabo, gosmento demais para o meu paladar, mas apreciava bastante o de folhas frescas de baobá.

Uma das mulheres desse chefe, Bunya, era a que costumava me visitar com maior frequência. Alegre, adorava rir com todos os que viviam ao meu redor. Passava com pesadas trouxas na cabeça e um bebê pendurado nas costas. Cantarolava melodias cuja doçura me comovia, e o bebê respondia gorjeando. Eu lhe dava tecidos estampados para fazer o que chamam de "costume de três peças" (canga, blusa e turbante) e também para as outras esposas, mas escolhia a estampa pensando nela. Eu também gostava muito da velha ferreira, mulher de Fanyéré, vivaz, alegre, crítica a valer no que dizia respeito a seus semelhantes. Por um tempo, senti interesse pela sorte da jovem Ma, filha do "dono da terra", prometida em casamento antes do nascimento ao jovem "senhor da chuva". Infelizmente, ele não era muito gracioso, apesar do eterno sorriso. Pelo contrário, era até meio mal-ajambrado, "toco" – como denominam os de estatura baixa –, troncudo, membros meio nodosos... Em suma, Ma não queria se casar com ele e, certa noite, fugiu sozinha ou com algum namorado para a Costa do Marfim. O pai mandou procurá-la, mas sem

Afinal, Precisamos Saborear a Vida!

demonstrar grande empenho, motivo pelo qual o reprovaram. Não se falou de outra coisa na aldeia durante um bom tempo: tradição versus modernidade, velhos versus jovens, ricos versus pobres, sedentários versus ativos, homens versus mulheres, todas as oposições se enfrentaram. Temiam que tal desobediência às regras trouxesse a seca, colheitas pobres, invasões de espécies nocivas, morte de crianças e animais... Pelo que sei, Ma nunca mais retornou à aldeia. Nos anos 1960, ainda era uma atitude heroica uma menina escapar ao destino que lhe fora reservado.

Minha filha Catherine, ainda em fase pré-escolar, morou comigo na África em várias ocasiões. As crianças nuas a seguiam por onde quer que ela fosse, ingênua e de comportamento majestoso, usando vestidos, sandálias e chapéus de tecido. Ela brincava, dançava, falava com mais desenvoltura do que eu. Onde quer que fosse, era acompanhada por um grupo fiel e curioso, sem que nisso visse qualquer malícia. As velhas e mesmo as jovens a tocavam, apalpavam (como, às vezes, também faziam comigo e de um jeito bastante indiscreto), deslumbradas com aquela pele tão branca, com aquele umbigo côncavo numa barriga bonita que não estufava por causa do *kwashiorkor* (essa doença da "barriga

139

inchada" de muitas crianças africanas causada pela desnutrição). Sua presença muito me ajudou a convencer a população de que eu era como eles, possuidora das mesmas funções orgânicas, pois tinha tido uma filha. Ouvi com meus próprios ouvidos – ao chegar atrasada certa noite para beber cerveja de milho "entre homens" – os moradores da aldeia discutirem a seguinte questão: os europeus e eu própria tínhamos as mesmas funções de digestão e de excreção que eles? Minha filha brincava sem que eu a vigiasse de perto: ela era permanentemente vigiada por dezenas de olhos vigilantíssimos. Rainha impávida, jamais se queixava dessa vida bizarra que eu a fazia levar.

Minhas experiências quando em trabalho de campo mais surpreendentes abrangem condições particulares que hoje não ocorreriam. Jovem assistente de pesquisa no CNRS, eu era supervisionada por um diretor, mas também por uma madrinha, a famosa Germaine Dieterlen. Ela trabalhava, como é sabido, na tribo dos Dogon, na falésia de Bandiagara (Mali), de onde avistava a planície do Gondo, cortada pela fronteira Alto Volta-Mali, do outro lado da qual se encontravam as terras ocupadas pelos Samo. Quando vinha passar um tempo na falésia, Germaine escolhia períodos em que eu não me

Afinal, Precisamos Saborear a Vida!

encontrasse em missões de campo. Então, mandava me buscar, imperativa, de Land Rover com motorista, a fim de morar com ela durante o tempo de sua estada, em geral, felizmente, curta (de duas a três semanas). A princípio, havia em Sanga um soberbo acampamento à moda antiga, de muros espessos e uma galeria circular, onde ficavam as camas de campanha, acampamento administrativo que ela substituiu por uma construção "permanente" com quartos e até um banheiro. A água era levada por uma ampla variedade de mulheres, cada uma carregando uma jarra, derramada num recipiente e erguida com força braçal para um reservatório localizado no telhado por uma bomba acionada por rapazes. Ainda assim, a água era utilizada com parcimônia. Germaine mandara instalar uma fossa séptica da qual vigiava o bom uso, proibindo água sanitária e detergentes. A esse propósito, vem-me à lembrança um grupo de turistas americanos convidados a tomar banho e que se queixaram da pouca vazão e da temperatura invariável, absolutamente persuadidos de se tratar de água corrente e de um sistema de evacuação clássico. Os mesmos turistas (de onde podiam ter saído?) me fizeram três perguntas, pois tiveram a oportunidade de encontrar uma etnóloga, perguntas essas que jamais esquecerei:

141

FRANÇOISE HÉRITIER   *Ao Sabor do Tempo*

"Será que as mães reconhecem seus filhos em meio a toda essa horda de crianças nuas correndo? Será que essa gente tem um idioma ou este não passa de onomatopeias? Será que o marido polígamo divide a cama todos os dias com todas as mulheres ao mesmo tempo?" Em resumo, são mesmo humanos como nós? Era de chorar… de rir ou de vergonha.

Com Germaine, experimentei um modo de funcionamento típico dos anos 1930, diferente daquele das pessoas da minha geração, no qual se devia viver como os membros da sociedade junto de quem se trabalha: mesmas choupanas, mesma alimentação, mesmo tipo de cama (em geral a cama de campanha ao ar livre). Mas nada de transigir em duas coisas: o mosquiteiro e a água filtrada graças a compridos filtros de água de terra porosa. Quando eram limpos, tornava-se quase impossível não sentir nojo de tudo o que neles ficava colado. O conforto suplementar vinha da lamparina Pétromax, magnífico aparelho, bem como, é claro, de tudo o que carros, cantinas e dinheiro permitiam movimentar, como sal, sabonete, café, linha e agulha, papel e canetas esferográficas, requeijão, torradas etc. Talvez fosse uma vida difícil, mas agradável e, com certeza, não era a selvageria primitiva. Mas nos anos 1930, as coisas

Afinal, Precisamos Saborear a Vida!

eram diferentes, como descreveu Laura Bohannan, em seu engraçadíssimo livro *Return to Laughter*. Eram necessários criados com luvas brancas, taças de cristal e talheres de prata, vestidos de gala e smokings, para um simples jantar na savana à luz de candeeiros. Temos ideia disso ao assistir à cena do filme *Entre Dois Amores* (*Out of Africa*), quando Meryl Streep e Robert Redford usufruem de um romântico jantar à luz de velas nesse estilo. Germaine exigia, portanto, que nos vestíssemos para jantar. A mesa era arrumada no terraço para um jantar simples, mas sobre uma toalha adamascada. Ela mesma chegava vestindo uma larga calça saruel preta, uma magnífica blusa de cetim branco de mangas bufantes e um enorme laço, as unhas feitas, a boca pintada, uma cigarreira na mão... Durante a minha primeira estada com ela, eu não tinha literalmente "nada para usar", apenas vestidinhos simples que fizera com os típicos tecidos wax estampados. Escolhi um, o mais bonito, que usei todas as noites. Nas outras estadas, eu reservava, se possível, um vestido para tal ocasião. Mas isso não era só nos jantares. Durante o dia, íamos trabalhar juntas numa choupana com dois cômodos, que ela reservava para receber fontes oficiais. Designou-me dois informantes: o "velho Ambara" e um jovem com quem me esforcei para coletar a terminologia de parentesco Dogon. Quanto ao velho Ambara, eu tentava impedir que ele narrasse o mito da "raposa pálida" toda vez que se referia ao tio materno ou ao sobrinho uterino. Tinham buzinado tanto em seus ouvidos, que ele de fato achava que eu também só me interessava pelo mito.

Germaine, que trabalhava no cômodo ao lado a respeito exatamente do tal mito – com dois velhos informantes junto aos quais comprovava os detalhes, o que eles faziam soltando profundos "hon, hon!" –, mantinha sempre uma rara elegância: tailleur de tweed com saia plissada, bolsa pendurada no braço, sapatos de salto embora não muito altos, chapéu leve. Meu *equipamento* era, dá para imaginar sem grande esforço, bem mais modesto. Eu tinha consciência de que essa diferença de vestimenta simbolizava também uma diferença de geração, mas sobretudo uma diferença de abordagem e mesmo uma diferença de concepção da disciplina. Mas, ainda assim, ela era magnífica.

Minha amiga Denise Paulme era bem diferente. Baixinha, rude, direta, uma voz rouca de "bêbado", meio masculina, intransigente, mas com os amigos e amigas tinha momentos de ternura. Adorava passar uns dias em paz na minha casa na Bretanha, onde, à sombra das

Afinal, Precisamos Saborear a Vida!

cerejeiras, com os pés sobre uma cadeira, fazia assiduamente palavras cruzadas. Com a idade e sobretudo a
viuvez (foi casada com André Schaeffner, grande músico
e musicólogo), havia mudado muito de aparência e
abandonado seus tailleurs de tweed marrom. Eu a via
desembarcar na estação de Redon usando jeans e jaqueta com uma águia de asas abertas nas costas, e nos om-
bros uma mochila na qual batia contente, dizendo para
mim, com expressão gulosa: "Ela está aqui!". "Ela" era a
coxa de carneiro comprada naquela mesma manhã no
açougueiro de sua confiança, na rue de la Fontaine-à-
-Mulard – *mulards* sendo, como se sabe, patos. Denise
Paulme era uma grande etnóloga de campo, precursora
também do olhar feminino sobre a sociedade e mais
próximo do cotidiano, ao contrário da etnologia do
mito e das superestruturas usualmente praticada nos seus
tempos de juventude. Interessara-se sobretudo pela literatura oral. Era de fato revigorante, e sua impertinência
tranquila muito me agradava. Ela morava num apartamento antiquado onde o quarto do falecido permanecia
fechado. Dormia num divã estreito, recebia frugalmente
e dispunha de uma belíssima biblioteca que nenhuma
biblioteca municipal aceitou receber após sua morte.
Miserável destino daqueles velhos livros.

Sempre rendi culto à amizade. Pensando bem, acho ter sido espontaneamente mais próxima das mulheres que dos homens. Tenho, contudo, dois amigos a quem posso dizer praticamente tudo por motivos distintos e a respeito de diversos assuntos: Marc Augé e Jean-Charles Piette. Ao meu redor, um primeiro círculo formado por dois (duas) ou três amigos(as)-colegas me proporcionam uma base sólida para agradáveis discussões profissionais e amistosas. Tenho duas amigas de longa data, muito íntimas: Monique Chevallier e Annick Drogou, e várias outras que vejo com menos frequência, mas de quem também gosto demais: Sophie, Éliane, Françoise, Lydie, Michelle, Michèle, Odile, Solange, Danièle... Não há satisfação maior que a de ter passado horas papeando, trocando ideias sem descanso com uma amiga. Lembro-me de conversas exaltadas, carregadas de vivacidade, trocas, reviravoltas, flashbacks, ditos espirituosos, risadas loucas, caras escandalizadas... São momentos abençoados e extremamente verdadeiros. Escutamos, admiramos, nos condoemos, confiamos, trocamos confidências, falamos o que bem entendemos, rimos de alegria, zombamos umas das outras com doçura, dizemos: "Lembra aquele dia em que...?" É delicioso. Essa cumplicidade dura até hoje. Nada me interessa tanto

Afinal, Precisamos Saborear a Vida!

quanto essa amizade simples, sem segundas intenções, sem falsidades nem ambiguidade, simplesmente porque somos nós mesmas e nos amamos. Montaigne teria sabido encontrar as palavras exatas para dizer isso.

"Ao sair, feche a porta lentamente."

© Martine Franck/Magnum Photos

Algumas Referências

Filmes

A Grande Chantagem (*The Big Knife*), Robert Aldrich, 1955.

As Minas do Rei Salomão (*King's Solomon Mines*), Compton Bennett e Andrew Marton, 1950.

Atirem no Pianista (*Tirez sur le pianiste*), François Truffaut, 1960 (com Marie Dubois).

Cantando na Chuva (*Singin'in the Rain*), Stanley Donen e Gene Kelly, 1952.

E o Vento Levou (*Gone with the Wind*), Victor Fleming, 1939.

Entre Dois Amores (*Out of Africa*), Sydney Pollack, 1985.

Le Capitaine Fracasse, Pierre-Gaspard Huit (com Jean Marais), 1961.

Mar Verde (*The Sea of Grass*), Elia Kazan, 1947.

Meu Pecado Foi Nascer (*Band of Angels*), Raoul Walsh, 1957.

Minha Rainha (*Queen Kelly*), Erich von Stroheim, 1932 (com Gloria Swanson).

Na Natureza Selvagem (*Into the Wild*), Sean Penn, 2007.

O Céu por Testemunha (*Heaven Knows, Mr. Allison*), John Huston, 1957 (com Robert Mitchum e Deborah Kerr).

O Tesouro do Barba Ruiva (*Moonfleet*), Fritz Lang, 1955.

Paixão dos Fortes (*My Darling Clementine*), John Ford, 1946.

Quando Voam as Cegonhas (*Letyat Zhravli*), Mikhaïl Kalatozov, 1957.

Sweet Sweetback's Baadasssss Song, 1971.

Livros

Charlotte Brontë, *Jane Eyre*, 1847.

Chester Himes, *Um homem em fuga* (*Run Man Run*), 1959.

Claude Lévi-Strauss, *Chers tous deux*, 2015.

Emanuel Terray, *Mes anges gardiens*, 2017.

Afinal, Precisamos Saborear a Vida!

Henry Bordeaux, *Jamile sob os cedros (Yamilé sous les cèdres)*, 1923.

Henry Rider Haggard, *Ela (She – a History of Adventure)*, 1886.

Henryk Sienkiewicz, *Quo vadis?*, 1896.

James Joyce, *Ulisses (Ulysses)*, 1922.

Julien Gracq, *O litoral das Sirtes (Le Rivage des Syrtes)*, 1951.

Laura Bohannan, *Return to Laughter*, 1964.

Mary Renault, obras publicadas pela editora Gallimard.

Revista *Les Veillées des chaumières*.

Richard Wright, obras publicadas pela editora Gallimard.

Robert Graves, obras publicadas nas editoras Gallimard e Fayard.

Samuel Butler, *Erewhon*, 1872.

Scott Fitzgerald, *O curioso caso de Benjamin Button (The Curious Case of Benjamin Button)*, 1922.

Sei Shônagon, *O livro do travesseiro*, escrito no final do século X.

Thomas Hardy, *The Woodlanders*, 1887.

Outras referências

Anton Tchekov, *Tio Vânia*, peça interpretada por Henri Virlojeux e Françoise Bette no teatro do Odéon e dirigida por Jean-Pierre Miquel, 1977.

Antonio Vivaldi, *Orlando Furioso*, ópera com Nicole Lemieux no papel de Orlando, Naïve, 2004.

Edmond Rostand, *O Filho da Águia*, peça interpretada por Sarah Bernhardt.

Georg Friedrich Haendel, *O Messias*.

George Ulmer, *Pigalle*, vídeo com apresentação do cantor, Arquivo INA no Youtube.

Ray Ventura, *Tout va très bien, madame la Marquise*, 1935, música de Paul Misraki, Bach e Henri Laverne.

Robert Schumann, *Peças para piano*, por Piotr Anderszewski, Warner Classics 1970, Parlophone 2011.

Para você, o que representa
O SAL DA VIDA?

Papel: Pólen soft 70g
Tipo: Bembo
www.editoravalentina.com.br